우리는 모두 생존자입니다

우리는 모두 생존자입니다

삶을 가두는 트라우마에서
자유로워지기 위한 31가지 연습

"우리는 모두 여러 어려움 속에서 목숨을 잃지 않은,
목숨을 포기하지 않은 '생존자'입니다.
'살아남은' 우리는, 이제 '살아가는' 방법도 배울 수 있습니다."

한겨레출판

일러두기

사례는 다양한 내담자(심리적인 문제나 곤란을 혼자 해결하는 데 어려움을 느껴 상담자의 도움을 받아 해결하고자 하는 사람)의 이야기를 바탕으로 재구성한 것이며, 개별 내담자의 것이 아님을 밝힙니다.

프롤로그

“당신을 만납니다”

상담실 작은 방에 마주앉아 자신의 역사를 가지고 온 생존자의 말에 귀를 기울입니다. 사람이 온다는 건 그의 과거와 현재와 미래가 함께 오는, 실은 어마어마한 일이라고, 정현종 시인은 말합니다. 그 작은 방에서 사람을, 역사를, 그 어마어마한 삶을 만납니다.

당신의 역사에서 나의 역사를 봅니다. 서로의 살아남은 이야기가 만나서, 살아갈 힘을 회복합니다. 생존자의 이야기는 연결된 사람들을 관통하며 서로를 변화시킵니다. 그런 이야기를 하고 싶었습니다. 이 이야기가 과거의 문제로 인해 현재와 미래로 나아가기 어려워하는 분들에게 작은 위로와 응원이 되길 소망합니다.

자신의 역사를 나눠준 생존자분들께 존경과 감사를 전합니다.

차례

1장

트라우마가 우리에게 남긴 흔적

"아직도 그날의 기억이 생생합니다"

마음과 몸에 남은 기억

✷

2018년 10월 3일, 아직도 그날의 기억이 생생합니다. 운전을 시작한 지 얼마 되지 않았을 때여서 핸들을 잡은 팔과 어깨에 단단한 긴장감이 서려 있었습니다. 신호를 파악하고 사거리에서 오는 차를 살펴보고, 내비게이션을 보는, 이 모든 것들이 낯설었습니다. 처음 가본 장소에서 일을 마치고 집으로 돌아오던 참이었습니다. 신호를 잘못 읽고 급정거를 하는 바람에 뒤차가 제 차에 부딪쳤고, 마치 영화에서나 들어볼 법한 폭탄 터지는 듯한 소리가 들렸습니다. 순간 온몸이 미세하게 떨렸고 통나무처럼 굳어버렸습니다. 세상이 슬로 모션처럼 움직이는 걸 직접 느끼는 순간이었지요.

운전석에 고개를 숙이고 꼼짝없이 앉아 있는 찰나가 억겁의 시간처럼 느껴졌습니다. 그렇게 멍해 있는데, 뒤차 운전자가 내려서 말하는 소리가 들려왔습니다. 밖으로 나오려 했지만 팔다리가 잘 움직여지지 않았습니다. 손이 바들바들 떨리고 뭔가 말을 하려고 해도 입 밖으로 나오지 않았습니다. 상대 운전자는 "운전을 왜 그렇게 합니까? 거기서 멈추면 어떡하자는 겁니까?"라며 화가 난 목소리로 말했습니다. 어찌할 줄 모른 채 "죄‥ 송… 합니다…"라는 말만 흐릿하게 흘러나왔습니다. 다행히 심각하지 않은 사고로 저와 상대 운전자 모두 다친 곳 없이 괜찮았습니다. 사고가 나면 보험회사에 전화하면 된다는 상식조차 떠오르지 않았습니다. 연락처를 주고받고 서둘러 다시 운전대를 잡았습니다. 그저 빨리 집에 돌아가고 싶은 마음뿐이었습니다. 5분 정도 운전을 하자 손발이 떨려왔습니다. '이런 식으로는 오늘 집에 못 갈 것 같아', '계속 운전하다가는 더 큰 사고가 날 것 같아'라는 생각이 스치자 두려움이 엄습했습니다. 빈 곳에 차를 세우고 심호흡을 했습니다. 눈물이 났습니다. 결국 대리운전을 불러서야 집에 갈 수 있었습니다.

돌아와서도 몸이 떨리고 심장이 터질 것 같고 등이 굳는 느낌은 좀처럼 해소되지 않았습니다. 여전히 운전 중이라는 느낌에 휩싸여 불안했습니다. 늦은 밤이 되면서 떨림이 잦아들자 부끄러운 마음이 들었습니다. '나는 신호를 제대로 볼 줄 모른다', '나는 운전이 너무 미숙하다'라는 생각과 함께 상대 운전자의 비난 섞인 말을 곱씹으며 늦은 시간까지 잠들기가 어려웠습니다. 다음 날이 되자 부끄러움이 조금 가라앉고 화가 나기 시작했습니다. 처음부터 운전을 잘하는 사람이 있냐 싶어 억울하고, 뒤에서 부딪치면 안전거리를 확보하지 못한 뒤차 잘못이라는 얘기도 떠올랐습니다. 며칠 동안 여러 가지 생각과 수치심, 분노가 파도쳤고, 몸은 좀처럼 긴장을 풀지 못했습니다.

2020년 5월 3일, 다시 운전석에 앉을 수 있을 때까지 1년 넘는 시간이 걸렸습니다. 사고 이후 택시를 타도, 운전 경력이 오래된 사람의 차를 타도, 심지어 버스를 타도 몸이 떨리고 사고가 날 것 같다는 생각에 눈을 감게 되었습니다. 때로는 두려워하고 있다는 것을 들키지 않기 위해 멍하니 창밖을 바라보거나 라디오 소리에만 귀를 기울이고 도로를 보지 못했습니다. 이 사건을 떠올리는 지금도 어깨와 손에서는 미세한 떨림이 느껴지고 숨이 가빠옵니다. 등과 어깨가 딱딱해지면서 자꾸 숨을 고르게 됩니다. 누군가에겐 밥 먹듯이 편안한 게 운전일 수 있으나 사고를 당한 직후, 초보 운전자인 저에게는 처음 겪어보는 두려움과 당혹스러움이었습니다.

여기서 잠깐, 책 읽는 걸 멈춰볼까요? 지금 어떤 생각이 지나가는지, 어떤 기분이 느껴지는지, 혹은 몸에서는 어떤 감각이 나타나는지 살펴봅시다. 나도 모르게 어깨가 구부러진 채로 미간이 찌푸려져 있지는 않은가요? 어깨와 등에 긴장을 느끼며 깊은숨을 쉬고 있지는 않나요? 도로 위에서 운전하는 상상을 하고 있을지도 모릅니다. 직접 경험한 사고가 생각나기도 하고, 가까이서 사고를 목격한 날이 떠오를 수도 있습니다. 또는 '트라우마'라는 말이 떠오르면서 자신이 겪은 사건이 기억날 수도 있습니다.

심각하지 않은 한 번의 사고였을 뿐인데, 왜 아직도 누군가의 차에 타거나 운전을 할 때 비슷한 감각이 느껴지는 걸까요? 다친 곳이 없고, 상대 운전자와도 문제없이 해결했다고 해서 그 일이 완전히 끝난 것은 아니었습니다. 그날의 경험은 과거 어느 순간에 일어나 거기서 끝나지 않고 마음과 몸에 흔적으로 남았습니다. 운전을 다시 시작한 지 2년이 넘은 지금도, 자동차 경적에 소스라치게 놀라고 낯선 곳에 가면 심장이 요동칩니다. 속도가 조금 빨라지면 사고가 나지 않을까, 불안한 생각이 스칩니다. 사고가 났던 당시에 비해 이제는 운전 실력이 많이 좋아졌는데도 불구하고, 무서운 생각과 감정이 불쑥 찾아올 때가 있습니다. 과거의 일은 현재의 나에게 영향을 미치고 있고, 아마 미래에도 영향을 미칠지 모릅니다.

트라우마는 단지 과거의 일이 아닙니다. 우리 몸과 마음에 상처로, 흔적으로 남아 내 일상을 비집고 들어옵니다.

- 헤어진 애인의 스토킹 때문에 불안해하는 내담자. 전 애인이 직장과 집 근처에 나타날 때마다 두렵고 불안해합니다. 전 애인과 비슷한 외모를 가진 사람을 보면 몸이 떨리고 속이 메슥거리면서 그 자리에 멈춰 서게 됩니다. 해코지와 보복이 두려워 신고하는 걸 망설입니다.
- 성소수자라는 이유로 가족 구성원으로 인정받지 못하고 집을 나오게 된 내담자. 가족들은 전환치료를 요구하고, 뜻에 따르지 않으면 경제적 지원을 끊겠다고 압박합니

다. 가족들에게 커밍아웃한 자신을 탓하면서 괴로워합니다.

- 상사에게 성추행 피해를 겪고 회사에 알렸으나 묵살당한 내담자. 가해자와 분리되지 않은 채 같은 사무실에서 일할 수밖에 없었고, 회사로부터 합의를 강요당하면서 결국 퇴사하게 되었습니다. 좋아하던 일과 취미에도 흥미를 느끼기 어려워하고, 친구들도 만나지 않은 채 고립되어 생활하고 있습니다.
- 아버지의 신체 폭력 때문에 집을 나왔다는 내담자. 여러 차례 연락처를 바꾸고 이사를 하면서 피해 다니지만, 아버지가 찾아올까 봐 두려워합니다. 수면제 없이는 잠들지 못하고, 전화벨이나 초인종 같은 일상 소리에도 소스라치게 놀랍니다.
- 가까운 친구가 자살로 생을 마감한 이후로 친구 생각에서 빠져나오기 어려워하는 내담자. 친구의 힘든 마음을 알아주지 못했다는 생각에 죄책감과 미안함을 느끼다가도, 먼저 세상을 뜬 친구에게 화나고 원망하는 마음이 쉴 새 없이 오고 가 혼란스러워합니다. 친구와 같은 선택을 하고 싶다며 자살을 조심스럽게 말하기도 합니다.

- 군대에서 함께 근무하던 동료의 사고를 목격한 내담자. 폭탄이 터져서 동료가 심하게 다친 후 걸을 때마다 발밑을 계속 의식하게 됩니다. 다친 게 자신이 아니라는 안도감과 동료를 보호하지 못했다는 죄책감 사이에서 힘겨워하고, 폭탄이 터져서 자신과 동료들이 다치는 악몽을 계속 꿉니다.

상담소에서 만난 내담자분들이 어렵게 꺼내주신 자신의 역사입니다. 어떤 사람들은 트라우마센터에서 일하니까 이런 극단적인 이야기가 많게 느껴지는 것이라고, 세상에는 이런 일이 드물다고 말하기도 합니다. 진심으로 그들의 말을 믿고 싶습니다. 이런 일이 정말 드물다고, 거의 일어나지 않는다고 믿고 싶습니다. 때로는 상담소가 모두 문을 닫아도 좋으니 트라우마를 경험하는 사람이 없었으면 하는 간절한 바람을 가져봅니다. 그러나 이는 단지 제가 만난 사람들만의 어려움은 아닙니다. 트라우마는 우리에게 계속 일어나고 주변에서 계속 들려옵니다. 과거에도 있었고, 현재에도 발생하고 있으며, 아마 미래에도 일어날 것입니다.

이 책을 통해 트라우마가 무엇인지 정확하게 이해하고, 치유로 나아가는 방법을 나누고자 합니다. 더 나아가 트라우마 회복에서 우리의 연대가 어떻게 힘을 발휘하는지 이야기해보려 합니다. 무엇보다 트라우마 속에서 살아남은 사람들, 생존자들에게 응원과 위로를 건네고 싶습니다. 우리는 여전히 피해자라는 용어에 익숙하지만, 트라우마 피해뿐만 아니라 이후의 여러 어려움 속에서 목숨을 잃지 않고 또는 목숨을 포기하지 않고 살아남은 것만으로도 존중받아야 한다는 의미에서 '피해자victim' 대신 '생존자survivor'라는 표현을 사용하겠습니다.[1]

트라우마가 무엇인지, 트라우마로 인해 우리 몸과 마음에 남은 흔적과 후유증은 무엇인지, 그리고 외상 후 스트레스 장애가 트라우마와 어떻게 관련이 있는지 천천히 살펴봅시다.

“시간이 이렇게 흘렀는데…”

트라우마란 무엇인가?

*

“너 때문에 트라우마 생겼잖아.”
“그런 게 다 트라우마 때문이야.”
“물에 트라우마 있어서 수영 못 해.”

이런 말을 들어보신 적 있나요? 최근에 트라우마라는 말이 유행처럼 번지고 있습니다. 맥락을 확인할 필요가 있겠지만, 예시처럼 일상의 스트레스를 의미하는 표현은 대부분 잘못 사용된 경우가 많습니다. 모든 트라우마 사건은 스트레스가 극심한 일이지만, 스트레스가 많은 일이 모두 트라우마가 되는 것은 아니기 때문입니다.

트라우마trauma는 ‘상처’라는 뜻의 그리스어에서 유래한

의학 용어로 외상外傷을 뜻합니다. 사전적 의미로 외상은 '몸의 겉에 생긴 상처를 통틀어 이르는 말'이지만, 우리가 일상에서 표현하는 트라우마는 주로 심리학에서 말하는 '정신적 외상이나 충격'을 의미합니다. 간단히 정의하면, 트라우마란 현재 삶에 지속해서 부정적인 영향을 끼치는 과거 경험을 의미합니다.[2]

트라우마를 설명할 때 항상 함께 따라오는 말이 있는데, 바로 '외상 후 스트레스 장애PTSD: posttraumatic stress disorder'

원인	질환 (진단명)	증상
· 헬리코박터균 감염 · 비스테로이드소염제 복용 · 흡연	· 위궤양: 위장 점막이 염증에 의해 부분적으로 손상되어 움푹하게 패인 상태	· 복통 · 심와부(명치) 통증 · 메스꺼움 · 체중감소 · 장출혈 · 빈혈
· 트라우마 (트라우마 사건)	· 외상 후 스트레스 장애: 사람이 충격적인 사건을 경험한 후 발생할 수 있는 정신 신체 증상들로 이루어진 증후군	· 침습 · 회피 · 생각과 기분의 부정적 변화 · 과다 각성

입니다. 혼동해서 사용하는 경우가 많은데, 트라우마는 '원인'이고 외상 후 스트레스 장애는 '결과'로 이해할 수 있습니다. 충격적인 사건 직후 잠을 이루지 못하고 불안해하고 초조해하는 감정적 상태를 모두 아울러서 트라우마라고 말하기도 하지만, 정확히는 그런 상태를 일으키는 '사건이나 원인'으로 정의할 수 있습니다. 앞선 표에서 위궤양과 같은 신체 질환을 진단하고 원인과 증상을 구분하는 것처럼, 트라우마와 외상 후 스트레스 장애도 구분해서 볼 수 있습니다.

예측하기 어렵고 공포감을 주며 자신이나 타인의 생명을 위협하는 사건이 트라우마입니다. 구체적으로는 다음과 같은 사건을 트라우마라고 볼 수 있습니다.

- 전쟁
- 아동기의 심한 정서적·신체적·성적 학대
- 아동기 때 방치 혹은 버려짐
- 폭력을 경험하거나 목격하는 것
- 성폭력
- 자연재해

- 갑작스러운 사고
- 자살이나 사고 등으로 가까운 사람과 급작스럽게 사별하는 것

트라우마는 많은 매체에서 사건 사고로 다루는 이야기, 범죄 영화와 전쟁 영화에 나오는 이야기, 우리 주변에서 실제로 일어나는 이야기입니다. 위 목록을 하나씩 읽으면서 자신에게 일어났던 일, 또는 가까운 사람에게 일어났던 일이 떠올라서 괴로운 마음이 들 수도 있습니다.

사람들은 같은 사건을 경험한 후에 다른 반응을 나타내기도 합니다. 위협을 느낄 때 그 상황에서 도망가기도 하고, 상황과 맞서 싸우기도 하고, 전혀 방법이 없다고 느낄 때는 아무런 대응을 하지 못하기도 합니다. 위협에 대처할 수 있는 능력이 어떤 식으로든 압도되는 겁니다. 요약하면, 트라우마는 개인의 일상적인 대응 역량을 압도하는 사건, 개인의 신체, 심리, 정체성, 관계의 안녕감과 통합성을 와해하는 충격적인 사건을 말합니다.[3]

자신이 경험한 트라우마를 떠올리면서 우리는 과거에 끝난 일인데 왜 여전히 힘들어하는지 걱정하고, 또 자신을

답답해합니다. 트라우마는 기억을 매개로 하는 끝없는 고통의 재생입니다. 트라우마는 과거에 끝났을지라도 사건과 관련된 기억, 몸의 감각, 감정, 생각이 뒤엉켜서 현재에도 끊임없이 재생되는 겁니다. 과거의 교통사고 때문에 여전히 운전을 두려워하고, 가정폭력 가해자에게서 벗어나기 위해 집을 나왔으나 작은 소리에도 불안해하며 가해자와 닮은 사람만 봐도 소스라치게 놀라는 것은, 과거 기억이 지금도 머릿속에서 재생되고 있고 당시 느꼈던 감각이 몸에 선명하게 새겨져 있기 때문입니다.

2020년 방영 드라마 〈하이에나〉를 보다가 내담자들이 하는 말과 비슷한 대사를 들었습니다. 주인공은 어린 시절 아버지로부터 반복해서 신체적 학대를 당해왔습니다. 남동생과 함께 어렵게 아버지를 경찰에 신고하고 오랜 세월 만나지 않았습니다. 무서울 게 없다고 말하는 주인공은 성인이 되어, 노인이 된 아버지를 다시 만납니다. 마주치는 순간 얼어붙어서 뒤로 물러나는 경험을 회상하며 다음과 같이 말합니다.

"왜 뒤로 물러났을까. 나도 모르게, 그냥, 물러나게 되더라고. 23년 전 일이었거든, 그 인간한테 죽도록 두들겨 맞은 게…. 시간이 이렇게 흘렀는데…. 웃기지? 그렇게 양아치들하고 깡패들 뒤치다꺼리하면서 험한 꼴 많이 봤는데. 무서울 것도 없고, 두렵지도 않았거든. 죽으면 죽는 거지, 그런 생각이었으니까. 근데 그 인간 보니까, 그 인간이 다가오니까, 다 늙은 노인이 돼서 왔는데…. 내가 뒤로 물러나더라니까. 기억이라는 게, 그런 거구나, 이렇게 지독한 거구나 싶어."

그 장면을 멈춰놓고 한참 동안 주인공의 얼굴을 바라보며 그 말을 되뇌었습니다. '끝나는 게 아니구나, 기억을 통해 현재에도 이어지는구나, 기억을 지우고 싶다는 느낌이 이런 거구나, 뇌를 도려내고 싶다는 말이 이런 거구나.'

내담자들과 나눈 대화를 떠올리며 트라우마의 고통, 기억의 고통에 대해 생각했습니다. 주인공은 어린 시절과 달리 이제는 자신을 지킬 힘이 있고, 힘없는 노인이 된 가해자는 더는 주인공에게 영향을 끼치지 못하지만, 과거 트라우마의 힘은 생각보다 큽니다. 하지만 트라우마의 힘이 크다고 해서 트라우마에서 벗어나지 못한다는 말은 아닙니다. 트라우마의 영향력을 정확하게 알고, 나를 지키는 방법을 배우고, 과거의 기억에서 벗어나 현재와 미래로 나아가는 방법을 하나씩 찾아가 봅시다.

"삶이 제한되다"

외상 후 스트레스 장애 이해하기

✷

트라우마를 말할 때 떼어놓을 수 없는 단어가 '외상 후 스트레스 장애PTSD'입니다. 트라우마 이후, 즉 외상을 경험하고 나서 발생하는 심리적 장애를 의미합니다. 정신장애 진단 및 통계 편람*에 따르면, 외상 후 스트레스 장애는 크게 (1) 외상의 경험, (2) 외상 후 신체적·심리적 증상이라는 요소를 포함합니다.

(1) 외상의 경험: 죽음, 심각한 상해, 성폭력을 직접 겪었거

* 미국정신의학회(APA: American Psychiatric Association)에서 발행한 정신장애 진단 및 통계 편람(DSM: Diagnostic and Statistical Manual of Mental Disorders)으로, 현재 DSM-5(2013) 개정판까지 출간되어 있다.

나, 직접 목격했거나, 가까운 이가 경험했다는 것을 알게 되거나 혹은 직업 상황에서 반복 노출되었을 때를 외상이라고 정의합니다.

(2) 외상 후 신체적·심리적 증상: 외상 이후 사건과 관련된 악몽을 꾸거나 외상 장면이 영화의 플래시백 장면처럼 순간적으로 눈앞에서 재현되기도 합니다. 외상과 연관된 자극(상황, 사람, 사물 등)을 어떻게든 피하려고 노력합니다. 온몸이 극도로 긴장되어 잠을 잘 수 없고, 집중하기 어렵고, 예민해져서 짜증이 늘어납니다. 이런 변화로 인해 예전과 달리 일상적인 생활을 잘하지 못하게 되고, 시간이 지나도 호전되지 않아서 우울하다가 성격이 변한 것처럼 보이기도 합니다.

아래 〈외상 후 스트레스 장애 증상 목록*〉을 읽어보세요. 해당하는 게 있다면 네모 칸에 표시하거나, 표시하는

* 〈정신질환의 진단 및 통계 편람, 제5판(DSM-5), 학지사, 2015〉에 수록된 외상 후 스트레스 장애 진단기준을 이해하기 쉽게 수정하였다. (정확한 진단기준은 부록 참고)

게 힘들면 심호흡하면서 하나씩 읽어보세요.

(1) 외상의 경험

□ 생명에 위협을 느낄 만한 어떤 충격적인 사건을 경험했다.
□ 생명에 위협을 느낄 만한 어떤 충격적인 사건을 목격했다.
□ 떠올리면 고통스러운 이미지 또는 기억이 있다.

(2) 외상 후 신체적·심리적 증상

1) 침습

□ 사건에 대한 고통스러운 기억이 반복된다.
□ 사건과 관련된 꿈을 반복해서 꾼다.
□ 현재 삶에서 그 사건이 반복해서 일어나고 있는 것처럼 느낀다.
□ 어떤 것에 그 사건이 떠올라 혼란스러워진다.
□ 사건이 생각날 때마다 땀이 나거나 몸이 떨리거나 숨쉬기가 힘들어진다.

2) 회피

□ 사건을 이야기하는 것이 너무 힘들어 되도록 말하지 않으려고 애쓴다.

□ 사건을 떠올리게 할 만한 것이면 무엇이든 피하려고 한다.

3) 생각과 기분의 부정적 변화

□ 사건의 중요한 부분을 회상하는 것이 어렵다.

□ 나, 타인, 세상에 대해 계속 부정적으로 생각한다. 때로 내 인생이 곧 끝날 것 같은 느낌이 든다.

□ 사건의 원인이나 결과에 대해 나와 타인을 비난하는 생각이 계속 든다.

□ 계속 부정적인 기분을 느낀다. (예: 공포, 분노, 죄책감, 수치심)

□ 하는 일에서 즐거움을 거의 느끼지 못한다.

□ 가족과 친구가 가깝게 느껴지지 않는다. 대체로 내가 혼자라고 느낀다.

□ 삶에서 그 어떤 것도 더는 즐겁지 않다.

4) 과다 각성

□ 쉽게 짜증을 내며 화가 폭발한다.

□ 자신을 해롭게 하는 행동을 한다.

□ 긴장을 늦출 수 없다.

□ 쉽게 놀란다.

□ 하는 일에 집중하기가 어렵다.

□ 잠들기 어렵거나 자다가 자주 깬다.

침습 증상에서 한 가지(또는 그 이상), 회피 증상에서 한 가지 또는 두 가지, 생각과 기분의 부정적 변화 증상에서 두 가지(또는 그 이상), 과다 각성 증상에서 두 가지(또는 그 이상)에 해당하고, 이런 증상이 한 달 이상 지속되면 외상 후 스트레스 장애로 진단합니다. 외상 후 스트레스 장애로 진단하지 않는다고 해서 치료가 필요 없다는 뜻은 아닙니다. 현재 이런 증상으로 어려움과 고통을 겪고 있다면, 전문가의 도움을 받아야 합니다.

지금, 숨 쉬고 있다는 느낌에 머물러보세요. 코로 따뜻한 숨이 들어가고 나가는 것을 알아차릴 수도 있고, 가슴이 오르락내리락하는 것을 느껴볼 수도 있습니다. 배가 부풀었다가 가라앉는 걸 지켜볼 수도 있습니다. 머릿속이 복잡해지고 눈물이 날 것 같은 느낌, 멍해지는 느낌이 들 수 있습니다.

책 읽는 것을 멈추고 지금 머물고 있는 공간을 천천히 둘러보세요. 방에 놓인 물건을 관찰하거나, 공간 안이나 밖에서 들려오는 소리에 귀 기울여보거나, 손에 닿는 물건의 감촉을 느껴볼 수도 있습니다. 책을 계속 읽는 게 힘들다면 잠시 덮어두고 좋아하는 일을 시작할 수도 있습니다. 이후에 다시 책을 펼 마음이 든다면 돌아와도 좋습니다.

외상 후 스트레스 장애의 핵심 증상을 구체적으로 살펴봅시다. 딱딱한 이론처럼 느껴질 수 있는데, 증상을 정확하게 확인하는 이유는 아래와 같은 증상이 트라우마 이후에 나타나는 자연스러운 반응이자 후유증임을 이해하기 위해서입니다. 신체 부상을 겪는 정도의 큰 사고가 아니더라도 교통사고를 경험하면 며칠 혹은 수개월이 지나고 크고 작은 후유증이 나타나는 경우가 많습니다. 목 주변의 인대와 근육이 손상되거나 두통, 허리 통증, 팔 저림, 현기증 같은 증상이 나타납니다. 이런 경우 사고 당사자의 심약함이나

'엄살'이라고 하지 않고, 자연스러운 교통사고 후유증이라고 말합니다. 마찬가지로 트라우마 이후에도 다음과 같은 증상이 나타나는 것은 자연스러운 반응입니다. 증상을 정확하게 알고 있어야, 이를 생존자 개인의 문제로 돌리지 않고 트라우마 이후의 반응으로 이해할 수 있습니다.

즉, 다음과 같은 증상이 나타난다면 자연스러운 트라우마 후유증입니다.

1) 침습: 일상에서 트라우마를 재경험합니다.

□ 사건에 대한 고통스러운 기억이 반복된다.

□ 사건과 관련된 꿈을 반복해서 꾼다.

□ 현재 삶에서 그 사건이 반복해서 일어나고 있는 것처럼 느낀다.

□ 어떤 것에 그 사건이 떠올라 혼란스러워진다.

□ 사건이 생각날 때마다 땀이 나거나 몸이 떨리거나 숨쉬기가 힘들어진다.

'침습'이라는 말이 생소하고 낯설게 느껴질 수 있는데, '수능 금지곡'을 떠올려보면 쉽게 이해할 수 있습니다. 한번 들으면 멜로디가 귓가에 맴돌아 수험 준비에 방해가 될 정도라고, 중독성 강한 노래를 우스갯소리로 그렇게 말하곤 합니다. 침습 증상을 수능 금지곡에 비유하는 게 적절치 않을 수 있지만, 그만큼 외상 순간의 감각은 현재에도 생생하게 남아서 일상을 파고들어 방해한다는 뜻입니다.

트라우마를 경험한 사람은 과거의 위험이 이미 끝난 게 아니라 현재에도 일어나고 있는 것처럼 사건을 반복적으로 경험합니다. 트라우마 기억이 일상에 침투하면서 삶은 앞으로 나아가지 못하고 외상의 순간에 멈춰 서게 됩니다. 과거 트라우마를 떠올리게 하는 단서를 접하면 그 기억에 강렬하게 몰입되어 생생한 플래시백flashback이 나타납니다. 사건을 떠올리게 하는 단서란, 사물이나 사람, 장소가 될 수도 있고, 트라우마 당시에 관찰한 것, 소리, 냄새, 접촉한 느낌, 맛과 관련된 감각일 수도 있습니다. 트라우마 생존자에게 외상의 순간은 지나간 일이 아니라 마치 고착된 것처럼 플래시백과 악몽으로 의식 안에 침입합니다. 과거의 폭력이나 학대가 플래시백 될 때, 현재의 나는 실제로 폭행을 당하고 있는 게 아니지만 마치 현재 폭행을 당하는 것처럼 신체적 고통을 느끼거나 당시 상황에서 느꼈던 공포와 불안을 '지금, 이 순간' 다시 경험하게 됩니다.

2) 회피: 불쾌한 기억과 감정을 차단합니다.

□ 사건을 이야기하는 것이 너무 힘들어 되도록 말하지 않으려고 애쓴다.

□ 사건을 떠올리게 할 만한 것이면 무엇이든 피하려고 한다.

트라우마 생존자는 트라우마를 아주 희미하게나마 떠올리게 만드는 사람이나 물건은 뭐든지 피하려고 합니다. 하고 싶은 일이 생겨도 트라우마와 관련된 장소나 사람이 있을까 봐 망설이면서 하지 않기로 합니다. 자신도 모르는 새 일상이 협소해지며 제한된 삶을 살게 됩니다. 회피 증상에 관해 설명할 때면, 신문지 접기 비유를 들게 됩니다. 초등학교 친구들과 했던 놀이 중 짝꿍과 신문지 위에 서는 놀이가 있었습니다. 쫙 펼친 신문지 위에 둘이 서고, 이후에는 신문지를 반 접어서 다시 서고, 계속 반을 접어가면서 어떻게 서 있을지 상의하면서 그 위에 오래 버티는 놀이였습니다. 그 놀이는 즐거운 기억으로 남아 있지만, 회피 증상을 떠올리면, 마치 이전에는 넓었던 신문지가 점점 좁아져서 작은 신문지 위에 서서 버텨야만 하는 것과 같다고 느껴집니다.

상담 시간에 늦지 않게 오던 내담자가 조금씩 늦게 도착하자 걱정되었습니다. 지각하는 이유는 중요할 때가 많습니다. 가족이 상담받는 걸 싫어해서 눈치를 살피느라, 무기력하고 힘이 없어서 집 밖으로 나오기가 어려워서, 때로는 대중교통 타는 게 부담이 되어서 늦기도 합니다.

내담자에게 집에서 나와서 어떻게 상담실에 오는지 물었습니다. 버스를 두 번 갈아타고 상담실에 온다고 했습니다. 지각할 것 같은 날에는 택시를 타고 오기도 하는데 차가 막혀서 더 늦을 때도 있다고 하였습니다. 상담 초반에 오는 길이 어렵지 않은지 얼마나 걸리는지 물었을 때 지하철 타면 한 번에 도착한다고 했던 게 기억났습니다. 혹시 지하철 타는 게 어려운지 조심스럽게 묻자, 최근에 낯선 사람에게 지하철에서 성추행을 당한 후부터 지하철 타기가 두려워졌다는 말을 꺼냈습니다. 역무원에게 신고하고 당시에 할 수 있는 대처를 잘했다고 느꼈지만, 이후에는 지하철 타기가 망설여졌다고 했습니다. 이전보다 상담실에 오는 시간이 길어지고, 지하철 타기가 꺼려지다 보니 친구들과 약속 잡는 횟수도 줄어들었다고 합니다. 상담실에 늦게 오는 이유, 대중교통 타기 어려운 상황, 트라우마 경험이 연결되면서 내담자의 일상이 줄어들었습니다. 상담에 늦는 건 중요한 일이 아닐 수 있지만, 맥락을 살펴보면 트라우마로부터 영향을 받고 있을 수 있습니다.

당황스럽고, 두렵고, 화나는 상황에서 내담자 스스로가 할 수 있는 방식으로 잘 대처했다는 걸 확인시켜 주었습니다. 그리고 트라우마 사건을 떠올리게 하는 장소를 피하는 것은 내담자가 나약해서가 아니라, 자연스러운 반응이라는 것도 강조했습니다. 현재 지하철 타는 것 외에도 삶에서 제한되어 있다고 느끼는 부분이 있는지 점검했습니다. 내담자가 원하지 않으면 당장 지하철 타는 것을 목표로 둘 필요는 없습니다. 지금 가능한 만큼만 하면 됩니다. 당시 상황을 상담에서 떠올려보고 지하철을 타려 할 때 몸에서 어떤 감각이 느껴지는지, 어떤 감정이나 생각이 느껴지는지부터 천천히 이야기 나눠볼 수 있습니다.

극도의 스트레스 상황에 압도되어 대응할 힘이 없을 때는 피하는 게 좋은 선택이 될 수 있습니다. 그러나 계속 피하게 되면 발목에 모래주머니를 차고 뛸 때처럼 앞으로 나아가기 어렵습니다. 장애물에 발목이 잡힌 것처럼, 앞으로 나아가지 못한 채 과거의 늪으로 끌려가게 됩니다.

물이 반쯤 찬 욕조에 고무 재질의 노란색 오리 인형이 떠 있다고 상상해봅시다. 인형은 물 위에 둥둥 떠 있고, 물결의 흐름에 따라 움직입니다. 인형을 손에 쥐고 욕조 바닥으로 누르면 장난감이 물 아래로 들어갑니다. 손을 떼는 순간 인형은 다시 물 위로 솟아오릅니다. 물 아래로 밀어 넣는 힘이 강할수록, 인형이 물 위로 튀어나오는 속도와 강도도 커집니다. 인형을 물속 깊이 보내려는 사람들은 모든 에너지를 인형과 씨름하는 데 쓰게 될 것입니다. 오리 인형을 트라우마라고 생각해보면, 트라우마를 기억 저편으로 밀어내려는 사람들은 온 힘을 다해 자신의 과거 기억과 싸우느라 마음이 전쟁터가 될 것입니다. 주변에서 어떤 일이 일어나는지, 다른 사람들이 자신과 어떻게 연결되어 있는지를 관찰하기에는 에너지가 부족합니다. 감정을 느끼지 않는 것, 트라우마를 떠올리게 하는 모든 단서에서 벗어나려는 노력은 내가 원하는 삶을 살아가는 데 방해가 됩니다. 과거에서 벗어나려고 부단하게 노력하지만, 사실 마음과의 전쟁에 힘을 다 빼앗겨 버립니다.

당장은 트라우마를 떠올리게 하는 모든 것들로부터 피하는 방법이 자신을 보호할 수는 있지만, 제한된 삶 때문에 계속 무기력해지고 새로운 상황에 대처할 힘을 기를 기회마저 빼앗을지도 모릅니다. 상담을 받겠다고 결심하자마자, 혹은 상담을 시작하자마자, 트라우마 이야기를 꺼내라는 뜻은 아닙니다. 트라우마와 관련된 모든 상황에 직면하고 대응해야만 좋아진다는 말은 더더욱 아닙니다. 과거가 아닌 현재에 사는 기분이 들기 시작하고, 일상에서 일어나는 스트레스에 어느 정도 대처할 수 있는 마음이 든다면 이제 조금씩 '덜' 피하고 과거라는 기억으로 한 발짝 '더' 나아가는 게 필요합니다.

3) 생각과 기분의 부정적 변화: 나, 타인, 세상에 대해 부정적으로 생각하게 되고, 부정적인 감정을 느끼게 됩니다.

□ 사건의 중요한 부분을 회상하는 것이 어렵다.

□ 나, 타인, 세상에 대해 계속 부정적으로 생각한다. 때로 내 인생이 곧 끝날 것 같은 느낌이 든다.

□ 사건의 원인이나 결과에 대해 나와 타인을 비난하는

생각이 계속 든다.

□ 계속 부정적인 기분을 느낀다. (예: 공포, 분노, 죄책감, 수치심)

□ 하는 일에서 즐거움을 거의 느끼지 못한다.

□ 가족과 친구가 가깝게 느껴지지 않는다. 대체로 내가 혼자라고 느낀다.

□ 삶에서 그 어떤 것도 더는 즐겁지 않다.

트라우마는 우리의 생각과 감정을 뿌리째 흔들어놓습니다. 삶은 이해 가능하고, 통제할 수 있고, 예측할 수 있다는 기대가 무너집니다. 내 존재가 소중하고 가치 있다는 생각, 나의 공동체가 안전하고 믿을 만하다는 생각, 주변 사람들과 공동체로부터 보호받을 수 있다는 생각, 신의 가호가 있다는 생각이 무너집니다.

특히, 폭력의 가해자가 지인일 경우 관계에 대한 믿음, 세상에 대한 믿음이 갑자기 무너집니다. 사회는 부조리하고 문제가 많은 부분도 있지만 정의로운 부분이 더 많다는 생각으로 살았는데 일상의 관계에서 갑작스러운 폭력을 경험하면 신념의 근간이 흔들립니다. '아무도 믿을 수 없다', '세상은 너무나 위험한 곳이다'라는 생각이 뚜렷해질 수밖에 없습니다. 종교적 신념을 가지고 살던 내담자들 가운데에는 트라우마 이후에 종교에 대한 회의감으로 계속 예배당에 나가야 할지 망설이는 분들이 많습니다. 트라우마 생존자에게 지지와 위로가 되어야 할 종교단체 사람들로부터 비난을 받을 때면 고통이 배가됩니다.

우울증을 앓던 친구가 자살한 후 삶의 의미를 상실하고 계속 죽음에 관한 생각만 하게 된다는 내담자를 만났습니다. 우울증으로 친구가 힘들어하는 걸 지켜보면서, 함께 정신건강의학과에 가고 우울증이 낫는 방법을 찾기도 하면서 오랫동안 친구 곁에 머물렀다고 합니다. 친구가 결국 생을 마감하자, 어차피 희망이라는 것이 없다는 생각, 삶이 무가치하다는 생각이 심해졌습니다. 친구가 힘든 상황에서 자신이 무엇을 하지 못했는지 계속 생각하며 죄책감에 사로잡혀 잠을 이루지 못했다고 합니다. 평소에는 죽음에 대해 생각해보지 않았는데, TV를 보면서 그 속에 나오는 사람들의 죽음을 상상하며 두려워하고, 자신과 가족의 죽음에 대해 몰두하게 되었다고 합니다. 자기 생각과 감정 때문에 괴로운데, 가족들은 내담자가 빨리 회복하지 못하는 걸 답답하게 여긴다고 했습니다. 자신도 나아지고 싶지만 왜 이렇게 계속 슬프고 힘든지 이해하기 어렵다고 합니다.

가장 먼저 할 일은, 감정이나 생각의 변화가 정상이고 자연스러운 반응이라고 받아들이는 겁니다. 자신의 상태를 이상하다고 생각할수록 두려움은 커집니다. 갑자기 긍정적인 생각이나 감정으로 바꾸려고 할수록 고통스러운 마음은 커집니다. 그러니 친구에 대한 그리움, 원망, 미안함, 분노 등 다양한 감정이 마음에 지나갈 때 밀쳐내거나 없애버리려고 하지 않아도 됩니다. 애도하기와 일상 유지하기 사이에서 균형을 잡기 위함입니다. 친구 생각을 하느라 하루를 다 보내지 않으려고, 혹은 모든 것을 잊고 얼른 일상으로 돌아가려고 초조해하지 마세요. 혼자 하기에는 어려운 과정입니다. 친구나 가족들과 애도 시간을 함께 가지거나 전문가의 도움을 받으며 애도와 일상 사이에서 머물러봅시다.

4) 과다 각성: 주변을 자꾸 살피고 지나치게 경계하고, 초조하고 불안해합니다.

□ 쉽게 짜증을 내며 화가 폭발한다.

□ 자신을 해롭게 하는 행동을 한다.

□ 긴장을 늦출 수 없다.

□ 쉽게 놀란다.

□ 하는 일에 집중하기가 어렵다.

□ 잠들기 어렵거나 자다가 자주 깬다.

초등학교 5학년 봄이었습니다. 운동회를 앞두고 매일 같이 반 전체가 100미터 달리기를 연습할 때였습니다. 출발선에 선 순간이 아직도 생생합니다. 어깨, 팔, 배, 허벅지에 힘이 단단하게 들어가고, 심장이 터질 것 같고, 온 신경이 시작을 알리는 '탕' 소리에만 집중되어 있었습니다. 출발선의 기억을 떠올리기만 해도 몸이 긴장하는 걸 느낄 수 있을 것입니다. 20초가 채 안 되는 시간이 지나고 숨을 거칠게 내쉬다 보면 이내 친구들과 웃고 떠들고 교실로 돌아갑니다. 긴장되는 순간은 지나가고 이완 상태로 변합니다. 그런데, 하루 중 100미터 달리기를 하는 순간이 시도 때도 없이 찾아온다고 생각하면 어떨까요? 원치 않게 긴장되는 상태가 반복된다면 우리 몸과 마음은 쉴 틈 없이 일할 것입니다.

'자라 보고 놀란 가슴 솥뚜껑 보고 놀란다'는 말처럼, 트라우마 생존자는 트라우마와 관련된 유사한 자극에도 지나치게 경계하고 과도하게 각성되는 상태를 겪습니다. 스토킹을 당한 후 불안감에 시달리고 있다며 상담을 신청한 내담자가 있었습니다. 상담실에 들어와서도 긴장을 늦추지 못했습니다. 의자에 등을 편히 기대지 못하고 반만 걸터앉은 채 몸을 세우고 눈동자를 이리저리 굴렸습니다. 말을 빠르게 쏟아내다가 가쁜 숨을 내쉽니다. 아르바이트하는 곳 근처에서 스토킹 가해자를 마주친 후로, 항상 주변을 살피고 발걸음 소리에 귀 기울이다 보니 온 신경이 곤두선다고 했습니다. 트라우마 이야기로 내달리지 않고, 멈춰서 천천히 호흡하는 것부터 시작했습니다. 온몸의 촉수와 감각이 외부로 향해 있는데, 잠깐이라도 스위치를 끄고, 의자에 등을 붙이고 등과 다리의 느낌을 알아차려 봅니다. 상담실을 천천히 살펴보면서 마음에 위안을 주는 물건을 찾아보기도 하고, 들숨과 날숨을 세어보면서 균형을 맞춰보기도 합니다. 금세 주의가 외부로 향한다면 알아차리고 다시 호흡으로 주의를 돌립니다.

머리는 과거가 끝난 것을 알지만, 마음과 몸은 다르게 반응합니다. 비슷한 일이 또 생길까 봐 쉽게 긴장을 늦추지 못합니다. 쉽게 지치고 집중하기가 어렵고 소진 상태가 됩니다. 작은 자극에도 잘 놀라서 계속 피곤한 상태입니다. 잠드는 데 시간이 오래 걸리고, 깊이 잠들지 못해 신경이 날카로워질 수밖에 없습니다.

호흡에 주의를 두는 것, 오감에 주의를 두는 것부터 치유의 시작입니다. 긴장하고 있다는 것을 알아차리면, 다시 이완으로 돌아오고, 트라우마 단서 때문에 놀라면 다시 주변을 천천히 살피고 호흡으로 돌아오는 것. 과거 트라우마에서 벗어나 현재로 돌아오는 첫 번째 단계입니다.

"어, 왜 내가 나를 보고 있지?"

내가 아닌 것 같은 느낌, 해리

✷

애니메이션 〈소울〉에는 내가 나를 바라보는 경험이 그려집니다. 주인공이 맨홀에 빠져 죽음의 문턱에 이르고, 그 영혼이 '머나먼 저세상'에 가기 전에 병원 침대에 누워 있는 자신의 육신을 바라보는 장면이죠. 이외에도 많은 영화에서 영혼이 육체에서 벗어나 분리되는 '유체 이탈'을 다룹니다. 그런데 이런 경험이 영화가 아닌 삶에서 실제 일어날 때, 이를 '해리'라고 말합니다. 해리dissociation란, '사고, 감정 및 경험이 의식과 기억의 흐름에 정상적으로 통합되지 않는 현상'을 의미합니다.[4]

누군가 멍하게 있거나 상대의 말을 듣지 못하고 있으면 '정신이 나갔네', '멍때리네', '넋 놓고 있네'라는 표현을 씁니다. 책을 읽다가 다른 생각을 하느라 같은 페이지를 계속 읽게 되는 것, 강의가 지루해서 집중하지 못하고 친구 만날 생각을 하다가 수업이 끝나는 종소리를 듣고 깜짝 놀라는 것, 몰입해서 드라마를 보다가 친구가 부르는 소리를 듣지 못하는 것, 모두 넓은 의미의 해리이며 많은 사람이 경험합니다. 그러나 아래 목록[5]처럼 트라우마 이후에 나타나는 해리 반응은 눈여겨 살펴보아야 합니다.

□ 자동차, 버스, 지하철 등을 타고 나서 그동안에 있었던 일을 전혀 기억하지 못하거나 일부밖에 기억하지 못하고 있다는 사실을 문득 깨달은 적이 있다.

□ 때때로 자기가 마치 자기 자신 옆에 따로 서 있는 것처럼 느껴지거나, 자기 자신의 행동을 보고 있는 것처럼 느낀 적이 있다.

□ 거울을 보면서도 거울에 비친 자기 모습을 깨닫지 못했던 적이 있다.

□ 자기 주위의 다른 사람, 사물, 세상 등을 실제가 아닌 것으로 느낀 적이 있다.

□ 자신의 몸을 자기 것이 아닌 것처럼 느낀 적이 있다.

□ 익숙한 장소에 있으면서도 그곳이 생소하고 낯설다고 느낀 적이 있다.

□ 때때로 자신에게 어떤 행동을 시키는 목소리나 자신이 하는 일에 대해 뭐라고 참견하는 목소리가 머릿속에서 들린 적이 있다.

□ 때때로 마치 안개를 통해 세상을 보는 것 같아서 사람과 사물이 멀리 있는 것처럼 보이거나 흐릿하게 보이는 경우가 있다.

견디기 힘들고 감당하기 어려운 고통이 찾아오면 우리는 자신을 지키기 위해 마음의 일부를 분리해버립니다. 즉, 해리는 자신을 현실과 분리하고 현실을 알아차리지 않는 반응입니다. 지나치게 각성되어 있거나 두려운 트라우마 장면에 압도되어 있거나 트라우마와 관련된 감각이 강렬해지면 그 감각으로부터 자신을 분리하는 겁니다.

상담을 시작하면서 트라우마가 무엇인지, 트라우마 이후에 어떤 반응이 나타나는지, 해리가 무엇인지 설명하자 내담자가 놀라면서 말했습니다. 사람들이 이상하게 생각할까 봐 말을 못 했는데, 성폭행당했던 순간에 자신의 얼굴을 직접 내려다보고 있었던 기억이 난다고 했습니다. '어, 왜 내가 나를 보고 있지? 이상하다.' 그런 생각을 하며 천장에서 바닥에 있는 자신을 내려다보았다고 합니다. 영화 보는 것 같은 느낌이 들면서도 영화는 앞이나 옆에서 보는데 위에서 보니까 묘한 기분이 들었다고 표현했습니다. 몸은 바닥에 누워서 트라우마 순간에 갇혀 있고 천장에서 내 얼굴을 보고 있었던 기억, 그 순간 몸에서는 아무런 감각이 없고 어떤 감정도 느끼기 어려웠다고 했습니다. 그저 그 시간이 지나가기를 멍하게 기다렸던 것 같다고 합니다.

어린 시절, 어머니가 이유 없이 내담자와 내담자 동생들을 많이 때렸다고 했습니다. 자녀들을 바닥과 벽에 밀치고 내동댕이치는 일이 반복될수록 내담자는 점점 해리되어 갔습니다. 처음에는 얼굴, 팔, 어깨 등 맞는 부분에 통증을 느꼈지만, 어머니가 때릴 때 머릿속으로 그림을 그리거나 다른 곳에 있다는 느낌이 들면서는 맞는 순간이 아득해지고 아픔을 몰랐다고 합니다. 어떤 날은 생각하는 머리는 있는데, 목 아랫부분은 텅 빈 것처럼 몸이 없어졌다가 맞고 나면 다시 돌아오는 것 같다고도 말했습니다.

해리의 역할을 이해하는 게 중요합니다. 해리는 자신에

게 일어나는 일을 자각하지 않기 위해 우리 의식을 몸으로부터 분리하는 것입니다. 경험이 너무 고통스러우면 생존을 위해 심리적으로 그 경험과 해리됩니다. 물리적으로 트라우마 상황에서 벗어날 수 없으니 심리적으로 몸을 떠나게 됩니다. 만성적으로 폭력 상황에 노출되면 심리적 방어 전략이 가동되면서 자신을 보호합니다. 만약, 해리되지 않고 트라우마 경험을 100퍼센트 온전히 경험한다면 그 고통감은 훨씬 심할 것입니다. 치과에서 사랑니를 뽑거나 충치 치료를 할 때 마취를 해본 적이 있을 겁니다. 잇몸에 마취 주사를 맞으면 주변 치아가 얼얼해지고, 이후 처치를 받을 때 기계가 닿는 감각은 알아차릴 수 있어도 통증은 거의 느껴지지 않습니다. 즉, 트라우마 사건에 대한 의식은 명료하지만 고통과 두려움이 느껴지지 않는 것, 꿈을 꾸고 있는 것 같은 느낌이 해리입니다.

성폭력 피해를 겪은 후 용기 내어 가해자를 고소한 내담자를 만났습니다. 법정에서 가해자를 가림막으로 가려놓아 가해자 모습을 직접 보지는 않았으나 목소리는 생생하게 들려왔다는 내담자는 2주 내내 법정에 있는 기분이라고 했습니다. 상담실에서 저와 마주 앉아 있는 상황에서도 고개를 숙인 채 법정에 와 있는 것처럼 두렵고 무섭다고 말했습니다. 지금도 가해자의 목소리가 들려오는 것 같고, 머리로는 실체가 없는 불안함인 걸 알지만 어떻게 해야 할지 모르겠다고 했습니다.

내담자는 이내 고개를 점점 아래로 숙이고 몸을 작고 동그랗게 움츠리며 멍해지기 시작했습니다. 제 목소리에 반응하지 않았고, 같은 공간에 있지만 함께 있지 않은 것처럼 느껴졌습니다. 해리된 상태로 보여서, 저는 내담자에게 고개를 천천히 좌우로 돌려보도록 했습니다. 내담자는 무서워서 하지 못하겠다고 답해서, 이번엔 고개를 들지 않아도 괜찮으니 옆에 있는 인형을 천천히 쓰다듬어 보면서 손가락을 움직여보자고 했습니다. 계속 상담자의 목소리가 들리는지 확인하고, 고개를 숙인 채 가까이에 있는 물건의 이름을 말해보도록 했습니다. 내담자는 목소리가 조금씩 커졌고 고개를 조금 들어올렸습니다. 팔을 약간 뻗고 상담실을 천천히 살펴보면서, 지금 여기, 상담자와 함께 있는 곳으로 돌아오도록 했습니다.

생명을 위협받는 상황, 한 사람이 감당할 수 있는 역치를 넘어서는 트라우마 상황에서, 해리는 자신을 보호하고 그 순간의 현실에 적응할 수 있도록 도와주는 유용한 방법이지만 많은 부작용으로 이어질 수 있습니다. 해리가 심해지면 다른 사람들과 완전히 단절된 느낌이 들고 현실과 유리되어 산다는 생각이 들면서 자신이 온전하지 않은 조각난 존재처럼 느껴집니다. 위협이나 두려움을 느낄 때 필요한 대처를 하지 못한 채 해리되어 다시 좌절감과 공포를 겪게 됩니다. 자신을 보호하는 방식이지만 만성화되면 현실이 아닌 과거에 갇혀 발목이 잡히는 것입니다. 해리 반응으로 인해 힘들다면 전문가의 도움을 받을 필요가 있습니다. 자신이 해리 상태라는 것을 자각하고, 천천히 현재로 돌아오는 방법을 익히는 것부터가 트라우마 후유증에서 벗어나는 준비 단계입니다.

2장

치유와 변화의 시작

"접힌 신문지를 조금씩 펴가면서"

수용과 변화의 시소 타기

✷

평온의 기도

- 라인홀드 니부어

하나님,

제가 바꿀 수 없는 것들을
받아들일 수 있는 평온함을 주시고,

제가 바꿀 수 있는 것들을
변화시킬 수 있는 용기를 주시며,

그리고 그 둘을 구별할 수 있는 지혜를 내려주소서.

전공 수업 첫 시간이었습니다. 교수님은 강의를 시작하자마자 〈평온의 기도〉라는 시를 들려주었습니다. 누군가는 심리학 서적이나 강의에서 익숙하게 들어 이 시가 진부하고 흔하다고 느낄 수도 있습니다. 하지만 제겐 그 순간이 지금도 생생하게 기억납니다. 처음 들어보는 시였고, 당시 처해 있는 상황에 꼭 필요한 말이라 마음에 와닿았습니다.

오랜 시간 가족의 갈등을 지켜보고 또 중재하는 역할로 소진된 상태였습니다. 진로에 대한 불안감이 심하고 경제적인 어려움도 겹친 상황이었습니다. 어깨가 짓눌리고 가슴이 답답할 때 만난 〈평온의 기도〉는 큰 위로가 되었습니다. 그 시를 읽고 또 읽고 생각하면서 시간을 보냈습니다. 그 시가 당장 제 상황을 바꿔주거나 문제를 해결해주는 것은 아니었지만, 괴로움의 늪에서는 조금 나올 수 있게 해주었습니다. 그리고 내가 해결할 수도 없고, 해결할 필요도 없는 가족 문제 때문에 오랜 시간 마음이 다치고 지쳤다는 것을 알게 되었습니다. 당연히 그 시를 읽은 직후부터 가족 문제의 '중재자' 역할에서 바로 벗어날 수 있었던 것은 아닙니다. 그러나 변화시킬 수 있는 것과 없는 것을 구별할 수 있는 지혜를 달라고 계속 기도하는 힘은 찾을 수 있었습니다.

사고 이후 운전을 못 하게 되었을 때 주변 사람들이 위로와 격려를 많이 해주었습니다. 사고 이후 들은 격려 중 상반되면서 인상적인 말이 있었습니다. 친구와 동생은 둘 다 입사하면서부터 운전을 시작했고, 능숙한 운전자였습니다. 친구는 "사고가 나면 겁나서 운전 못 하는 게 당연해. 서울에서는 사실 운전 못 해도 크게 불편할 게 없으니까 무서우면 운전 안 해도 괜찮아"라고 했습니다. 동생은 "초보 운전 때 그만두면 영영 못 하게 되니까 빨리 다시 운전해야 해. 쉬다가 다시 하는 건 더 어려워"라고 말했습니다.

친구 말을 들으면 제가 이해받는다는 생각이 들면서도 '운전을 안 해도 될까?' 그런 의문이 들었습니다. 동생 말을 들으면 머리로는 맞는 말 같은데 조급해지면서 겁이 났습니다. 누구의 의견이 옳은 걸까요? 누구의 말을 들어야 도움이 될까요? 누군가는 친구 말이 맞고, 다른 누군가는 동생 말이 옳다고 생각할 것입니다. 혹은 두 가지 의견을 통합하면 어떨까 생각할지도 모릅니다.

이렇게 서로 다른 생각을 통합하는 과정을, 변증법행동치료DBT: Dialectical Behavior Therapy*에서는 수용과 변화의 '변증법'이라고 말합니다. 〈평온의 기도〉를 이야기하다가 변증법행동치료를 소개한 이유는 이 치료의 철학과 기술을 통해서 우리가 원하는 삶을 살아가는 데 도움을 받을 수 있기 때문입니다.

사고 이후 어떻게 하면 좋을지에 대한 친구의 의견은 '수용'에 가깝고, 동생의 의견은 '변화'에 가깝다고 볼 수 있습니다. 어려움에서 벗어나기 위해서는 수용도, 변화도, 모두 필요합니다. 내담자가 처한 상황이나 감정과 생각을 무조건 수용만 한다고 해서 심리적 고통이 줄어드는 것도 아니고, 또 무조건 바꾸려 한다고 해서 나아지는 것도 아닙니다. 중요한 건 바로 균형이고, 수용하는 태도와 변화를 위

* 변증법행동치료는 미국의 심리학자, 마샤 M. 리네한(Marsha M. Linehan) 박사가 경계선 성격장애(BPD: Borderline Personality Disorder) 환자를 치료하기 위해 개발한 심리치료이다. 대립하는 생각이 균형을 이루고 통합 및 종합되는 것을 강조하는 변증법적 세계관을 바탕으로, 사고·정서·행동의 변화를 촉진하는 여러 가지 인지행동 전략과 마음챙김 전략을 절충하여 구성하였다.

한 노력이 합쳐져야만 회복으로 나아갈 수 있습니다.

불을 켜고 끄는 온·오프 스위치가 아니라 동그란 버튼을 돌려가며 조도照度를 조절하는 스위치를 떠올려보세요. 수용과 변화의 극단이 아니라 자신에게 맞는 조도를 찾는 것, 조금 더 밝게 혹은 조금 더 어둡게 조절하는 것이 바로 균형으로 나아가는 방법입니다. 놀이터에서 시소를 타본 경험이 있을 겁니다. 어른과 아이가 타면 무게가 맞지 않아서 자연스럽게 움직여지지 않지만, 키와 체격이 비슷한 친구와 시소를 타면 오르락내리락 즐겁게 탈 수 있습니다. 시소 양 끝을 수용과 변화라고 본다면, 시소 타기를 하듯 균형점을 찾아가는 게 우리 마음의 문제를 해결하는 열쇠입니다.

많은 사람이 바꿀 수 없는 과거의 기억과 싸우느라 현재를 저당 잡히고 있습니다. 과거에 발생한 일이지만 기억을 통해 영화처럼 반복 재생되는 게 트라우마니까요. 그러나 어쩔 수 없다는 마음으로 체념하거나 포기하지 않고, 현재로 돌아와 변화시킬 수 있는 것부터 시작하며 원하는 삶의 모습을 찾아갈 수 있습니다. 제한된 삶, 접힌 신문지를 조금씩 펴가면서 삶을 확장하는 선택을 할 수 있습니다.

우리는 나에 대해서도, 타인에 대해서도 한 가지 생각만 옳다고 느낄 때가 있습니다. 특히, 화가 나거나 우울해지거나 불안해지면 그런 생각이 더 강하게 느껴집니다. 아래 내용을 읽으면서 이런 생각을 했던 순간들을 떠올려보세요.[6]

① 나는 할 만큼 했는데 되는 게 없어. 더는 못 하겠어.
② 나는 독립적인 사람이야. 뭐든 혼자 해결해야 해. 혼자 못하는 건 바보 같은 거야. 절대 도와달라는 말을 하면 안 돼. (반대로) 나는 혼자서는 못해. 사람들에게 무조건 도와달라고 해야 해.
③ 외롭지 않으려면 무조건 사람들과 함께 있어야 해.
④ 상대가 부탁하니까 무조건 들어줘야 해. (반대로) 내 말이 맞으니까 상대방은 무조건 내 말을 들어줘야 해.
⑤ 친구라면 내 말에 동의해야 해. 내 편을 들어줘야 해.

저도 어떤 상황에서는 위의 말이 너무나 당연하게 생각되고, 다른 의견은 떠올리기도 힘든 순간이 찾아옵니다. 그때 잠깐 멈춰서 수용과 변화의 변증법을 적용해봅니다. 변증법이라는 말이 어려우면 생각의 시소를 타면서 노는 걸 떠올려 볼 수 있습니다. 다음의 다섯 문장의 공통점을 찾으면서 읽어봅시다.

① 나는 변화를 원하고 최선을 다했고, 그리고, 보다 잘하고 더 열심히 하고 더 변화하고자 마음을 먹는다.
② 나는 독립적이고, 그리고, 나는 도움을 원한다.
③ 나는 다른 사람들과 함께하고, 그리고, 외롭다.
④ 누군가는 내게서 뭔가를 원하는 타당한 근거가 있고, 그리고, 나는 그것을 거부하는 타당한 이유가 있다.
⑤ 누군가와 의견이 맞지 않고, 그리고, 역시 친구이다.

어떤 공통점을 찾았나요? 모든 문장이 앞뒤가 상반되는 내용인데, '그러나' 혹은 '하지만'이 아니라 '그리고'로 연결되어 있습니다. 반대되는 두 가지 관점 모두 진실일 수 있다는 것을 의미합니다. 최선을 다한 것도 진실이고, 동시에 조금 더 노력할 수 있는 것도 진실일 수 있습니다. 이렇게 보면 친구라면 무조건 내 편을 들어줘야 한다는 틀에서 벗어날 수도 있습니다.

같은 번호의 문장끼리 연결해서 읽어봅시다. 어떤 차이

가 느껴지나요? 변증법의 자세로 상황을 바라볼 때, 우리는 새로운 진실과 상황을 바라보는 관점을 얻어 눈앞에 놓인 어려움 속에서 지혜를 찾아갑니다. 이 순간을 그대로 수용하는 법과 원하지 않는 행동, 감정, 생각, 고통을 주는 문제를 변화시킬 방법을 배울 수 있습니다.

저 역시 사고 이후에 수용과 변화의 변증법을 적용해보려고 노력했습니다. 처음에는 운전을 무서워하고 피하는 자신을 바보 같고 답답하다고 생각했습니다. 사고를 떠올리면서 하지 말았어야 할 행동, 해야 했을 행동을 부단히 곱씹으면서 자책에 빠졌습니다. 그러나 시간이 흐르면서 조금씩 두려워하는 마음 자체를 인정하고, 두려울 수밖에 없다는 사실을 수용했습니다. 그리고 동시에 그 상황에서 할 수 있는 일을 시작했습니다. 사고 직후에는 택시, 버스, 다른 사람이 운전하는 차를 타는 것도 피하고 싶었습니다. 그런데 출근도 해야 하고, 친구도 만나야 하고, 출장도 가야 하는 상황에서 모든 것을 피할 수는 없었습니다. 그래서 차에 탈 때 조수석이나 뒷좌석에 앉아서 창밖을 보며 다른 생각을 했고, 라디오에서 나오는 음악 소리에만 주의를 기울였습니다. 불안감이 조금씩 줄어들자 차에 앉아서 신호등이나 도로에 움직이는 차를 보기 시작했습니다. 도로에 다른 차가 움직이는 것만 봐도 내가 타고 있는 차와 부딪힐까 봐 몸이 몇 번이나 들썩거리기도 했습니다. 차에서 흘러나오는 음악이나 라디오 소리, 창밖 풍경으로 주의를 돌리다가 다시금 도로를 관찰하는 것을 반복했습니다. 조금씩 노력하면서 다시 운전석에 앉기까지 긴 시간이 필요했습니다.

수용과 변화의 시소 타기를 생각하며, 조금씩 할 수 있는 만큼 변화로 나아가려고 애를 썼습니다. 친구를 조수석에 태운 채 제가 운전할 수 있을 때까지 2년 가까운 시간이 필요했습니다. 못 해도 무조건 괜찮다고 생각하거나 빨리 운전을 시작하려고 했으면 아마 더 긴 시간이 필요했을 겁니다. 아니, 결국 포기해버렸을지도 모르겠습니다.

친구가 부탁하면 거절하지 못하고 들어주게 되는데, 뒤늦게 억울하고 화가 난다고 말하며 상담소에 찾아온 내담자가 있었습니다. 처음에는 화가 난 줄도 몰랐는데 비슷한 일이 반복될수록 친구와 관계를 끊고 싶다는 생각만 강하게 든다고 했습니다. 친구와의 관계에서만 거절하는 게 어려운지, 다른 사람과의 관계에서도 비슷한 어려움이 있는지, 그리고 언제부터 불편했는지 천천히 찾아보았습니다. 중고등학교 친구들, 대학교 기숙사 룸메이트, 연인 등 다양한 관계에서 항상 눈치를 살피고 자꾸만 상대 의견에 따라가는 경향이 있다는 걸 알게 되었습니다. 다른 사람들과 싸우고 싶지 않고, 의견 차이가 나면 불안해지고 초조해지는데 그게 싫어서 피하게 된다는 것도 알아차렸습니다.

대인관계에서 상대의 마음을 살피고 상대의 의견을 경청하는 것은 관계를 유지하는 데 꼭 필요한 기술입니다. 그러나 자신의 욕구나 감정은 뒤로한 채 타인에게만 맞추는 불균형은 자신과 타인 모두를 위태롭게 합니다. 내담자는 아버지와의 관계에서부터 눈치를 살피는 게 시작된 것 같다고 말하며, 어린 시절에 고압적이고 폭력적인 아버지 때문에 가족들 모두 눈치를 살펴야 했던 기억을 떠올렸습니다. 이유도 없이, 갑자기 기분이 나쁘면 가족에게 폭언하고 물건을 집어 던지는 아버지 때문에 가족들은 항상 그의 기분을 살피고 시키는 대로 할 수밖에 없었다고 합니다. 어린 내담자는 누군가 화를 내거나 뭔가 요구할 때 빨리 들어주는 게 상황을 덜 악화시키면서 자신을 지키는 일이라는 걸 알게 되었습니다.

내담자는 현재 무엇을 수용하고 무엇을 변화시키면 좋을까요? 어릴 때 아버지에게 맞추는 게 아니었다고 후회해야 할까요? 아니면 지금 친구들의 부탁을 거절하지 못하는 자신이 바보 같고 답답한 존재라는 걸 인정해야 할까요?

수용과 변화의 변증법에서 수용은 과거의 사실과 현재의 사실을 인정하는 것입니다. 사실이라는 건 평가나 왜곡이 아닙니다. 폭력적인 아버지 때문에 오랫동안 불안에 떨어야만 했던 사실, 그 상황에서 살아남기 위해 상대에게 맞춰주는 대처 방식을 사용했다는 사실, 그런 방식이 자신을 보호했다는 사실, 지금은 그런 방식이 대인관계에서 자신을 힘들게 하고 있다는 사실을 인정하는 겁니다. 인정하고 수용하는 건 용서나 체념과는 다릅니다. 말 그대로 그런 일이 있었다는 것을 수용하고, 그렇다면 지금 할 수 있는 일이 무엇인지에 초점을 맞춥니다. 친구들이 부탁할 때 나도 모르게 자동으로 동의하려는 순간, 잠깐 멈춰서 생각해봅니다. 거절이 어려우면 생각할 시간을 달라고 요청합니다. 당연히 쉽지 않은 일이겠지요. 가까운 친구나 상담자와 함께 거절하고 요청하는 연습부터 시작해봐도 좋습니다. 변화로 나아가기 위해서는 수용의 디딤돌을 지나가지 않고는 어렵습니다. 과거에 그런 일이 없었다고 부인하거나, 바보 같다고 자신의 행동을 탓하기만 해서는 고통에서 벗어나기가 힘듭니다. 수용할 것과 변화할 것을 구별하는 지혜가 필요합니다.

여러분에게는 삶에서 넘지 못하는 혹은 넘지 못한다고 생각하는 장애물이 있을지도 모릅니다. 체념하거나 포기하지 말고, 또는 무조건 자신을 벼랑 끝으로 몰면서 바꾸라고 닦달하지 말고, 두 가지 방향을 한번 살펴보면 좋겠습니다. 과거부터 반복되어온 문제 때문에 위기에 빠질 때, 고통스러운 감정이 자꾸 찾아올 때, 원하는 삶을 사는 데 방해가 될 때, 이 변증법 태도를 떠올려보면 무엇부터 시작하는 게 좋을지 실마리를 찾게 될 것입니다.

"기분이 좋지 않아도 웃어주느라 에너지가 다 빠져요"

살아남기 위한 노력, 생존전략 이해하기

✷

학교 다닐 때, 발표할 기회가 한 번은 있었을 겁니다. '발표'라는 말을 들으면 어떤 기억이 떠오르나요? 발표를 잘해서 칭찬받았던 기억, 마이크를 잡으면 말이 유려하게 술술 흘러나오는 기억이 떠오르는 분은 아마 별로 없을 겁니다. 사람들 앞에 서서 긴장되고 떨리는 순간, 실수할까 봐 초조했던 순간, 발표가 끝나기만을 기다렸던 기억이 생생하게 떠오를지도 모릅니다. 저도 사람들 앞에 서는 게 너무 긴장되고 떨려서 조별 과제에서도 발표는 맡지 않으려 했던 게 생각납니다. 개인 과제로 어쩔 수 없이 발표할 때는 마음속으로 잘할 수 있다는 말을 백 번씩 되뇌면서 심호흡하곤 했습니다.

우리 각자에겐 이런 상황에서 긴장을 푸는 자신만의 방법이 있을 겁니다. 누군가는 심호흡하면서 마음을 가다듬을 것이고, 누군가는 손에 쥔 마이크나 종이 자료를 꽉 잡고 몸이 떨리는 걸 보여주지 않을 수도 있습니다. 청심환처럼 이완되는 약을 먹는 사람도 있고, 말의 속도를 빨리해서 발표 시간을 단축하는 사람도 있을 것입니다. 이런 방법은 스트레스 상황에 대처하는 자신만의 방법과 전략입니다.

우리는 문제 상황, 스트레스 상황, 때로는 도저히 감당하기 어려운 상황에 대처하기 위해 각자의 전략을 사용합니다. 자신에게 익숙하고 도움이 되는 방식으로 말입니다. 대처라는 것은 사실, 살아남는 방식을 의미합니다. 그러나 단기적으로 도움이 되는 전략이 장기적으로는 나를 힘들게 하거나 해칠 때가 많습니다.

잠깐, 천천히 호흡하면서 아래 이야기를 읽어봅시다.

부모와 함께 사는 다섯 살 아이를 상상해봅니다. 거실에서 장난감을 가지고 놀고 있는데 갑자기 아버지가 왜 부엌에 물을 쏟았냐고 화를 내며 물어봅니다. 아버지의 큰 목소리에 너무 놀랍니다. 자신은 장난감을 가지고 놀고 있었을 뿐, 동생이 했는지 어머니가 했는지 모르는 일입니다. 그래서 아이는 솔직하게 내가 한 일이 아니라고 말합니다. 아버지는 더욱 화를 내면서 아이를 몰아세웁니다. 왜 거짓말하냐고, 왜 자꾸 실수하냐고 다그칩니다. 울면서 아니라는 말을 해보지만, 아버지는 무섭게 소리를 계속 지릅니다. 이런 일이 여러 번 반복되면서 아이는 알게 됩니다. 옳고 그름을 찬찬히 살펴보기 이전에, 몸의 느낌으로, 살아남기 위해서는 어떻게 해야 하는지 그저 알게 됩니다. 아버지가 화를 내거나 다그칠 때는, 그 즉시, 거의 곧바로, 거의 자동으로 '잘못했다고, 다시는 그렇게 하지 않겠다고' 말합니다.

글을 읽으면서 자신의 과거가 떠오를 수도 있습니다. 우리는 이 아이에게 어떻게 말하게 될까요? 이런 상황에서 아이에게 왜 하지 않은 일을 했다고 말했냐고, 거짓말하면 절대 안 된다고 말하는 사람은 아마 없을 것입니다. 어른에게 도움을 요청하면 되지 않았냐고 묻지도 않을 것입니다. 아이를 안전하게 지켜주는 사람이 없었기에 두려운 일이 반복된 것이겠지요. 아이들은 안전하지 않은 사람, 자신에게 해를 끼칠지도 모르는 사람, 두려운 사람의 눈치를 보고 그 사람의 감정을 살피고 맞추면서 자신을 보호하려고 시도합니다. 그 대상은 부모, 교사, 가까운 친척이 되기도 합니다. 이런 환경에서 오랫동안 생활하게 되면 자동으로 복종하는 태도를 보이며 두려운 대상을 진정시키려고 합니다. 보호자가 되어야 할 대상이 아이에게 가해자가 됩니다. 가까운 사람이 어렵게 이런 이야기를 꺼낸다면, 우리는 잘 살아남았다고 말할 것입니다. 두려운 상황에서 잘 대처했고, 자신을 잘 지켰다고, 스스로 보호하느라 애썼다고 말할 것입니다.

트라우마에서 살아남기 위해 사용했었던, 혹은 현재도 사용하고 있는 각자의 전략이 있나요? 두렵고 불안정한 환경에서 자신의 감정을 어떻게 달래면서 현실에 적응해왔나요? 아래 이야기를 읽으면서 자신의 생존전략에 대해 떠올려보세요.

"기분이 좋지 않아도 웃어주느라 에너지가 다 빠져요."

자해하는 게 문제라고 말하며 부모님 권유로 상담실에 온 고등학생 내담자를 만났습니다. 고등학교에 입학한 이후 사소한 일로 친구들과 사이가 멀어졌고 왕따를 당하게 되었다고 했습니다. 학교 가는 게 힘들어서 지각과 결석을 반복하며 적응이 더 어려워졌다고 합니다. 친구들이 자신에 대해 안 좋게 말할까 봐 계속 예민한 상태로 있다 보니 피곤하고, 수업에 집중하기 어려워서 거의 책상에 엎드려 있는다고 합니다.

반대로 온라인에서 만난 학교 밖 친구들과는 관계를 잘 맺고 인기가 많다고 합니다. 웃으면서 인기가 많다고 얘기하다가 이내 걱정하는 얼굴로, 사실 인기가 많은 이유는 친구들을 잃을까 봐 엄청나게 신경을 쓰면서 친구들 비위를 다 맞춰주기 때문이라고 털어놓았습니다. 학교에서는 왕따니까 밖에서 힘들게 만든 친구들이라도 잃지 않기 위해, 친구들이 부르면 거절하지 못하고 모든 모임에 나가고 친구들 말을 들어주고 웃어주느라 에너지가 다 빠진다고 했습니다. 기분이 좋지 않은 날도 즐거운 것처럼 친구들과 놀고, 막상 집에 오면 허무하고 외로운 마음이 든다고 합니다. 혹시나 말실수해서 친구들이 자신을 싫어하게 될까 봐

매번 친구들에게 연락해서 자신이 잘못한 게 없는지 확인한다고 합니다.

마음이 초조하고 불안한 상태로 가득 차 있다가 가족들의 말 한마디에 갑자기 화를 냅니다. 우울한 기분, 친구를 잃을지도 모른다는 생각, 공허한 느낌, 불안감이 뒤섞이면서 마음이 터질 것 같은 상태가 된다고 합니다. 그럴 때 자해를 하게 된다고, 어쩔 수 없이 하게 된다고, 나지막이 말합니다.

물속에 오래 있을 때 가슴이 답답해지고 숨이 안 쉬어지다가 수면 위로 올라오면 숨이 크게 내쉬어지는 것처럼, 자해하고 나면 숨이 쉬어지고 살 것 같은 기분이 든다고 많은 내담자가 말합니다. 자해는 화가 나는 마음을 표현하는 방법이자 자신이 얼마나 힘든지 다른 사람에게 알리는 수단입니다. 아무런 감각이나 감정을 느끼지 못할 때 무언가를 느끼도록 도와주기도 하고, 사람들에게 도움이 필요하다고 요청하는 방법입니다. '자해는 나쁘다, 절대 해서는 안 된다'라는 말이 먼저 튀어나올 수도 있지만, 자해는 누군가에게는 필요한 생존전략이 됩니다.

“미친 듯이 바빠야 내 마음에 뭐가 일어나는지 모르는 척할 수 있어요.”

사람들을 만나기 어렵고 계속 불안감에 사로잡혀 지내는 게 괴롭다고 말하며 상담실을 찾아온 내담자가 있었습니다. 상담을 진행하면서 이유를 알 수 없는 불안감과 더불어 소진될 정도로 일을 많이 하는 게 현재 어려움이라는 것을 알게 되었습니다. 식사 시간과 자는 시간을 줄여가며 과도한 업무를 맡고 있었습니다. 동료들에게 책임감이 강하고 성실하다는 평가를 받으며 회사에서도 인정받고 있어서, 처음에는 이를 심각한 문제로 받아들이기 어려워했습니다. 성취감을 느끼는 게 자신의 삶에서 중요하고, 완벽주의적인 성격으로 다른 동료들에게 일을 맡기기 어려우며, 책임감이 너무 강해서 어쩔 수 없이 일을 많이 할 수밖에 없는 것 같다고 말합니다. 현재 상황을 천천히 살펴보면서, 압도되는 상황, 소진되는 상황이 삶에서 여러 차례 반복되었다는 것을 알아차리게 되었습니다.

가정폭력 환경에 오랫동안 놓여 있으면서 내담자는 자신이 더 나은 사람이 되어야 폭력에서 벗어날 수 있을 것이라는 생각이 들었습니다. 사실 폭력을 행사하는 사람들의 잘못이지만 아이의 마음은 자신에게 끊임없이 책임을 묻고, 자신에게 책임이 있다고 생각해야 상황을 바꿀 수 있다는 믿음도 가지게 됩니다. 더 나은 사람이 되려면 공부, 일, 무엇이든 열심히 해야 했고 뭔가 이루어내는 순간에는 자신이 괜찮은 존재로 느껴졌다고 합니다. 그리고 과거 사건이 계속 떠오르기 때문에 '미친 듯이 일하지 않고는' 일상을 살기가 어려웠다고 합니다.

바쁘게 일하고 성취에 대해 인정과 보상을 하는 걸 당연하게, 심지어 더 좋게 여기는 문화에서 자신의 문제를 알아차리기는 어렵습니다. 그러나 많은 트라우마 생존자가 일이나 학업에 몰두하며 자신을 바쁘게 만들면서, 자신의 감정과 생각, 과거, 현재 마음과 대면하는 걸 스스로 막습니다. 과도하게 바쁘게 움직이며 자기 자신과 마주하길 피하는 게 생존전략이 된 것입니다.

"감정을 마구 쏟아내거나, 꾹꾹 눌러 담거나"

상담소를 찾아온 내담자는 억울하고 답답한 마음을 걷잡을 수 없다고 했습니다. 동생 때문에 힘들기도 하고 동생 성격이 부럽다고도 했습니다. 술을 마시면 가족에게 폭언하고 물건을 던지고 위협하는 아버지 때문에 내담자, 동생, 어머니 모두 불안감에 떨며 살았다고 합니다. 내담자는 아버지를 화나지 않게 만들어야 무서운 일이 안 생긴다고 생각했고, 조용하게 내색하지 않고 지냈다고 합니다. 아버지가 말도 안 되는 이유로 화를 내도 잘못했다고 하며 기분을 맞추었다고 합니다. 이 전략은 실제로 효과가 있어서 아버지는 술을 먹고 행패를 부리다가도 내담자가 진정시키면 화를 덜 내기도 했다고 합니다.

내담자는 자신의 감정보다 다른 사람의 감정을 먼저 살피고 눈치를 보면서 자신을 그 가정에서 지켜내야 했습니다. 내담자 표현으로 동생은 '자신과 반대로' 감정을 마구 쏟아내고 '자기 멋대로' 행동하면서 살아왔다고 했습니다. 중학교 때부터 동생은 부모님 몰래 학교에 결석하고, 친구들과 술을 마시고 어울려 다녔습니다. 아버지가 꾸짖으면 동생은 더 크게 소리를 지르며 화를 냈고, 그럴 때 아버지가 물러나기도 했다고 합니다. 동생도 마음의 병이 있는 것 같아서 걱정되기도 하는데, 동생이 아버지보다 더 밉고 화가 날 때도 있어서 견디기 힘들다고 했습니다. 가족들 모두가 피해자이고 아버지가 문제이고 원인인데, 자기 성격이 문제인 것같이 느껴지고 어떨 때는 동생 성격이 문제라고 느껴졌다고 했습니다.

이 이야기가 자신의 이야기와 비슷하거나 친구들에게 들은 이야기와 유사할 수 있습니다. 내담자와 동생 성격이 문제라는 생각이 들지는 않을 겁니다. 내담자와 내담자 동생 모두 폭력적인 환경에서 살아남는 데 필요한 방식을 사용했을 뿐입니다. 누군가는 자신의 감정을 행동으로 강하게 표출하는 방식으로, 다른 누군가는 감정을 내면에 쌓아두며 눈에 띄지 않는 방식으로, 현실에 적응하고자 부단히 노력합니다.

대인관계에서 강렬한 감정이 느껴지거나 심리적 고통이 극심할 때 살아남기 위한 자신의 전략이 있는지 아래 목록에서 찾아보세요.

□ 실제 내 기분과 상관없이 즐겁게 행동한다.

□ 자신보다 타인의 욕구를 우선시한다.

□ 쉬지 않고 사람들과 만난다.

□ 사람들과 어울리지만 친한 관계는 맺지 않는다.

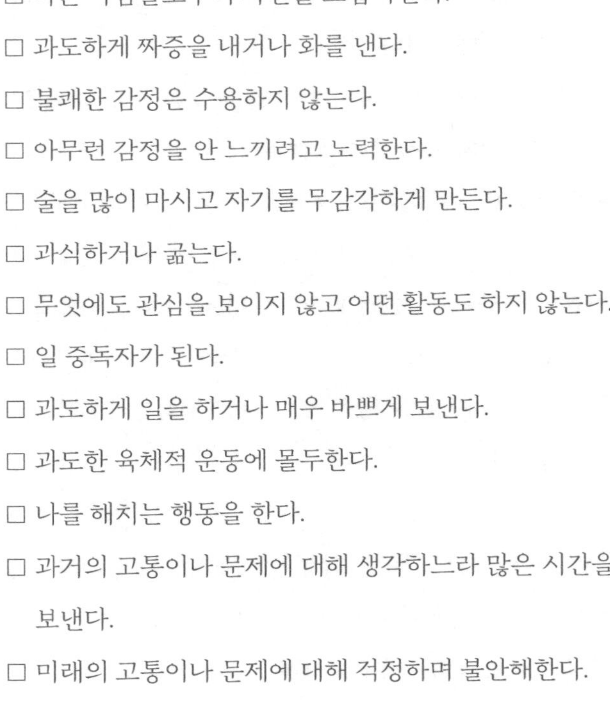

□ 다른 사람들로부터 자신을 고립시킨다.

□ 과도하게 짜증을 내거나 화를 낸다.

□ 불쾌한 감정은 수용하지 않는다.

□ 아무런 감정을 안 느끼려고 노력한다.

□ 술을 많이 마시고 자기를 무감각하게 만든다.

□ 과식하거나 굶는다.

□ 무엇에도 관심을 보이지 않고 어떤 활동도 하지 않는다.

□ 일 중독자가 된다.

□ 과도하게 일을 하거나 매우 바쁘게 보낸다.

□ 과도한 육체적 운동에 몰두한다.

□ 나를 해치는 행동을 한다.

□ 과거의 고통이나 문제에 대해 생각하느라 많은 시간을 보낸다.

□ 미래의 고통이나 문제에 대해 걱정하며 불안해한다.

- 그 전략을 사용할 수밖에 없었던 이유가 떠오르나요?
- 전략을 사용했을 때 도움이 되었던 점은 무엇인가요?
- 반대로, 그 전략을 오랫동안 사용하면서 내가 힘들고 어려웠던 점은 무엇이 있나요?

위의 질문에 여러 가지 생각과 감정이 떠오를 수 있습니다. 바닷가에서 파도가 밀려들고 나가는 걸 관찰하듯이 마음을 들여다봅시다. 한 번의 경험 때문에 그런 전략이 나타나는 것은 아닙니다. 트라우마 상황에서 적응하기 위해 애를 쓴 결과가 행동으로 나타난 겁니다. 특히, 어린 시절에는 자신을 보호하기 위해 선택할 수 있는 전략이 많지 않습니다.

성폭력, 친족 성폭력, 아동기 만성적인 학대, 학교폭력 등 트라우마로 고통을 겪은 사람은 그 상황에서 살아남기 위한 자신의 방식을 생존전략으로 이해하고 존중해야 합니다. 트라우마는 앞서 다룬 것처럼 외부로부터의 공격, 침범, 폭력입니다. 내 안전과 경계가 완전히 침해당하는 경험입니다. 그런 상황에서 도망치거나 맞서 싸우기 어려울 때, 가해자에게 복종하거나 아무것도 하지 않거나 느끼지 않음으로써 자신을 지켰던 순간도 있을 것입니다. '폭력'이라는 비정상적인 상황에 대한 정상적인 반응, 살아남기 위한 자연스러운 생존 반응입니다.

그러나 과거에는 외상 환경에 적응하기 위한 전략이었던 것이 이제는 자신을 해롭게 만드는 증상이 됐습니다.[7]

그 대처 방식이 우리를 살아남도록 도와주었고 생존에는 효과적이었으나 현재 삶에서는 우리를 앞으로 나아가지 못하게 만들기도 합니다. 당장 전략을 폐기 처분하고 싶을 수도 있고, 다른 전략으로 바꾸고 싶을 수도 있습니다. 바꾸고 싶은데, 어쩔 수 없이 굳어진 성격이니까 바꾸지 못한다고 체념할지도 모릅니다.

우선, 강한 감정이 느껴지는 상황에서 자신이 어떻게 행동하는지 자각하고 있어야 합니다. 화나거나 슬플 때 감정을 느끼지 않으려고 다른 일에 몰두하고 있는 건 아닌지, 혹은 그 감정을 고스란히 타인에게 전달해야 해결이 된다고 생각하고 있는 건 아닌지, 자신이 왜 그런 전략을 사용하게 되었는지, 어떤 맥락에서 그런 전략이 도움이 되었는지 이해하는 겁니다. 자신이 심하게 화를 낼수록 타인의 분노가 잦아든 기억, 혹은 상대에게 복종하지 않으면 더 큰 폭력으로 이어졌던 상황을 떠올릴 수도 있습니다.

많은 트라우마 생존자들이 자신이 택했던 대처 방식에 대해 자책합니다. 살아남기 위해서는 그렇게밖에 할 수 없었다는 사실을 인정하고 싶지 않을 수도 있습니다. 그러나 매일을 살아내기 위해서는 자신이 가진 전략으로 스스로를 지켜낼 수밖에 없었을 것입니다. 과거 위기 상황에서도, 현재 어려운 상황에서도.

이제 우리가 해야 할 일은 생존전략에 대해서도 수용과 변화의 시소 타기를 해보는 겁니다. 우리의 생존 반응이 도움이 되었고 나를 살려주었다는 점을 인정하고 존중해야 합니다. 동시에 현재 내 삶에 효과적인 새로운 전략을 배우고 연습해야 합니다. 존중한 이후에야, 우리는 비로소 다른 전략으로 바꿀 힘을 회복할 수 있습니다. 내 마음을 알아차리는 방법, 감정을 폭발하지 않고 조절하는 방법, 억제된 감정을 표현하는 방법, 나에게 관심을 기울이면서 동시에 타인에게 관심을 기울이는 방법, 일에 집중하면서 나를 지키는 방법으로 나아갈 수 있습니다.

“의도적으로 피하기를 선택합니다”

벙커로 잠깐 물러나기

*

회피, 도피, 기피. 세 단어를 읽으면서 어떤 생각이 드는지 떠올려보세요. 그리고 내가 겪고 있는 문제를 떠올리면서 회피, 도피, 기피라는 단어를 연결해보세요. 어떤 생각이 머릿속에 지나가나요?

안 좋은 기분이 들거나 표정이 일그러지거나 가슴이 쿵 내려앉을지도 모릅니다. ‘그렇게 하면 안 되는데’, ‘포기하면 지는 건데’, ‘그렇게 한다고 아무것도 해결이 안 되는데’, ‘약한 사람이라는 건데’라는 생각이 지나갈 수도 있습니다.

이번엔 현재 겪고 있는 문제를 떠올리면서 ‘잠깐만 물러나 보자’라고 말해본다면 어떤 생각이 드나요? 불편한 마음이 아까보다는 조금 줄어들 수도 있습니다.

세 가지 단어의 사전적 정의와 쓰임은 다르지만, 공통으로 '피한다'라는 의미가 있습니다. 많은 심리학 서적과 자기계발서, 혹은 학교나 가정의 교육에서 우리는 문제가 있을 때 피해서는 안 되고 직면해서 해결하거나 맞서 싸워야 한다고 배웠습니다. 많은 경우에 맞는 말입니다. 그러나 당장 문제를 해결할 수 없을 때, 빨리 해결할 수 없는 극심한 고통을 느낄 때, 문제를 해결할 방법을 모르거나 방법은 알지만 당장 실행할 힘이 없을 때는 그럴 힘을 회복할 시간과 공간이 필요합니다. 벙커로 잠깐 물러나는 것, 즉 피하기를 의도적으로 선택하는 겁니다.

'벙커'는 적의 사격이나 관측으로부터 아군을 보호하기 위해 땅을 파서 만든 구덩이를 의미합니다. 적의 공격이 너무 강해서 생명에 위협이 있거나 내가 가진 총알이 다 떨어져 가거나 몸을 다쳐서 고통스럽다면 계속 전장에 남아 있지 않고 벙커로 피신하는 것도 전략입니다.

어머니와 대화만 했다 하면 서로 화를 내다가 감정이 상한다는 내담자가 있었습니다. 어머니와 내담자 모두, 어린 시절 아버지의 언어폭력 때문에 오랫동안 고통받았다고 했습니다. 자신을 지켜주지 못한 어머니에게 화나기도 하고, 자신처럼 피해자라는 생각에 슬픔과 연민을 느끼느라 어머니를 떠올리면 항상 마음이 복잡해진다고 합니다. 어머니와 내담자는 서로 이해하려고 애쓰다가도 사소한 문제로 부딪히면 화를 폭발하고 서로를 비난하고 맙니다. 대화를 곱씹다 보면 결국 자책이 들고 생각이 꼬리에 꼬리를 물다가 괴로워진다고 합니다. 며칠 내내 기분이 좋지 않은 상태로 지내다가 친구들 약속도 취소하고 외출하지 않은 채 우울감에 빠져드는 날이 반복됩니다.

우울하고 무기력해지는 것, 갑자기 화나서 나중에 후회될 말을 하는 것, 감정이 제어가 안 되는 것이 자신을 힘들게 한다는 것을 알아차렸습니다. 그리고 어머니와의 관계에서 비난하지 않고 자신이 원하는 바를 표현하는 것, 상대의 말을 잘 경청하는 것, 자신의 기분이 어떤 상태인지 이해하고 적절히 표현하는 것, 이 모든 게 중요한 목표라는 걸 이해하게 되었습니다. 그러나 상담 초반에는 이런 목표를 빠르게 달성할 힘이 없습니다. 우선 내 마음 상태가 어떤지 관찰하기조차 어려울 수 있습니다. 그러므로 어머니와의 갈등, 주변 사람들과의 갈등, 다른 극심한 스트레스는 가능하면 피하는 게 자신을 보호하는 방법이 됩니다. 계속 피하는 게 좋은 해결책이라는 뜻이 아니라 내 마음 안에서 무엇이 지나가는지 알아차리는 방법을 연습하는 동안 가능하면 자극을 줄이라는 의미입니다. 마음 안에서 소용돌이가 치기 전에 '잠깐' 멈춰서 어떤 생각이 지나가는지, 어떤 감정이 지나가는지 바라봅시다.

어느 내담자는 지인에게 성추행을 당하고 사과를 요구했지만 가해자가 사건 자체를 부정하고 제대로 된 사과를 하지 않아 너무 화가 난다며 상담에 왔습니다. 사건이 발생한 지 얼마 되지 않은 시점이었고, 불안하고 화가 나는 감정을 강렬하게 느끼고 있었습니다. 가해자와 끝까지 연락해서 사과를 받는 게 목표라고 반복해서 이야기하였습니다. 천천히 얘기를 듣다 보니 가해자와 연락하는 것이 내담자에게 상당한 스트레스였고, 성추행 사건이 자꾸 떠오르면서 내담자가 겪는 고통은 심해지고 있었습니다. 트라우마 사건을 곱씹다 보니 일상생활은 뒷전이 되고, 가해자와 연락을 주고받을수록 강렬한 분노와 두려움이 교차하며 수면제 없이는 잠들기 어려운 상황이었습니다.

계속 연락하며 맞서 싸우는 게 문제를 해결하는 방법일지도 모릅니다. 그러나 그 순간은 벙커로 잠깐 들어가서, 가해자와 연락을 차단하고 몸과 마음이 쉬도록 해야 합니다. 처음에 내담자는 가해자와 계속 싸우지 않으면, 자신의 피해를 계속 말하지 않으면, 자신의 억울함을 계속 표현하지 않으면 안 된다는 생각이 든다고 했습니다. 강하다는 걸 보여주지 않으면 자신이 패배한 사람이 될 것 같아서 두렵다고 많은 내담자가 말합니다. 이때 도피와 회피가 아닌 '잠깐 물러나기'를 선택하는 게 필요합니다.

이 '선택'은 나약해서 하는 것도 아니고, 패배했다는 것을 의미하지도 않습니다. 가해자와 연락하는 걸 멈추고 믿을 만한 사람들, 안전하다고 느껴지는 사람들과 어울리며 에너지를 충전해야 합니다. 싸우고 싶은 마음을 수용하면서 지금 내가 할 수 있는 것을 하려고 노력하면 됩니다.

성폭력이나 가정폭력 피해 이후 가해자에 대해 소송을 시작하는 분들이 상담에 오기도 합니다. 트라우마 기억에 대한 공포, 소송 진행에 대한 두려움 등 다양한 이야기를 합니다. 경찰 조사를 받고, 변호사를 만나고, 피해 사실에 관한 서류를 작성하면서 스트레스가 누적됩니다. 상담에서도 소송에 관한 주제를 매주 말하느라 소진되기도 하고, 상담에 오는 것조차 힘들어지기도 합니다. 상담에서 소송과 관련된 두려움을 다루고 준비해야 할 게 있으면 함께 이야기를 나누는 것도 중요하지만, 때로는 소송 관련된 생각을 밀쳐내고 다른 주제에 관해 이야기하는 것도 필요합니다. 또한 가까운 친구들과 일상적인 주제로 대화하고 좋아하는 일을 하면서 힘을 회복하는 시간을 충분히 가져야 합니다.

운동할 때 매일 고강도로 무리해서 운동하는 게 도리어 건강을 해친다는 것은 모두 알고 있을 겁니다. 잠깐 물러나기를 선택하는 일도, 일주일에 서너 번 강한 근력 운동을 하면 나머지는 가벼운 산책을 하며 몸이 회복할 시간을 가지는 것과 비슷합니다.

벙커로 잠깐 물러나는 데 도움이 되는 방법[8]을 시도해봅시다.

- 문제와 씨름하는 대신 하루 동안 핸드폰 꺼두기
- 하루 동안 SNS 보지 않기
- 온종일 하고 싶은 일 하면서 시간 보내기

- 하루 동안 짧은 휴가 가기
- 하루 동안 이부자리에서 시간 보내기
- 좋아하는 음식 먹으면서 드라마 보기
- 온종일 숲이나 바다를 바라보기
- 문제를 상자에 넣고 잠깐 밀쳐두는 상상하기
- 나와 문제 사이에 상상의 벽을 세우기
- 아무 문제가 없다고 상상하기

이런 방법은 때로는 그 자체로 해결책이 될 수도 있지만 대부분 다른 해결책을 시도하기 전에 에너지를 모으기 위한 준비 과정입니다. 벙커에서 살아가는 게 아니라 다시 삶이라는 전쟁터로 나아갈 힘을 기르는 것입니다. 벙커에서 나와 문제를 해결하고 삶으로 나아가야 하는 순간이 언제인지는 다음에 다룰 내용인 마음챙김을 통해서 알 수 있습니다. 회피하는 상태에 머무는 것이 아니라 잠깐 물러나는 걸 '선택'하고 충분한 힘을 회복한 후에 다시 나아가는 그 순간을, 자신이 가장 잘 알 수 있습니다. 모든 문제를 당장 해결하려고 하거나 맞서 싸워야 한다는 생각에서 벗어나는 게 우리를 회복시키는 좋은 방법입니다.

"이런 마음들이 있구나"

마음챙김

*

'마음챙김mindfulness'이라는 말을 들어본 적 있나요? 처음 들어봤다면 마음챙김이 어떤 의미로 다가오나요? 들어본 적 있다면 마음챙김을 어떤 의미나 이미지로 기억하고 있나요?

'트라우마'라는 단어가 널리 쓰인 것처럼 '마음챙김'과 '마음챙김 명상'이 언제부턴가 유행처럼 번졌습니다. 집중력을 높이기 위하여, 감정을 다스리기 위하여, 걱정을 줄이기 위하여, 마음챙김이 중요하다는 말이 여기저기 들려옵니다. 그런데 동시에 많은 분들이 '어떻게 해야 할지 잘 모르겠다', '추상적인 개념처럼 느껴진다', '종교적인 의식 같아서 부담스럽다', '명상해야 할 것 같은데 집중력이 부족해서 못하겠다'고 말합니다.

마음챙김은 불교 명상의 핵심적인 가르침에서 기원했는데, 이후에 종교적인 의미를 벗어나서 심리학적인 개념으로 정의되고 있습니다. '마음챙김이란 의식을 현재의 실재에 살아 있도록 하는 것이다.*', '마음챙김이란 특수한 방식으로, 즉 의도적으로 현재 이 순간 비판단적으로 주의를 기울이는 것을 말한다.**', '마음챙김이란 수용적인 태도로 현재의 경험을 알아차리는 것이다.***' 등 여러 가지 설명을 살펴보면 '현재에 주의를 기울인다'는 공통점을 찾을 수 있습니다.

종교적인 의미부터 심리학적인 의미까지 마음챙김에 관한 다양한 설명이 있지만, 여기서는 변증법행동치료의 마음챙김에 집중하려 합니다. 앞서 살펴본 것처럼 변증법행동치료는 수용과 변화의 균형을 강조하고, 변화로 나아가는 것을 중요한 목표로 둡니다. 심리학자 마샤 리네한Marsha Linehan은 마음챙김을 '이 순간을 판단하지 않고, 이

* 틱낫한(Thich Nhat Hanh): 베트남의 승려이자 평화운동가.

** 존 카밧진(Jon Kabat-Zinn): 마음챙김 기반의 스트레스 감소 프로그램 창시자.

*** 크리스토퍼 K. 거머(Christopher K. Germer): 자기연민 프로그램의 개발자.

순간에 집착하지 않고, 의식적으로 현재 순간을 알아차리는 것'이라고 정의하며, 살 만한 삶을 만들기 위한 필수적인 과정으로 봅니다.[9] 아마 이 설명도 마음챙김을 이해하는 데 충분하지는 않을 겁니다. 아래 내용을 읽으면서 마음챙김을 체험해봅시다.

바람이 시원하게 불고 햇살이 따사로운 어느 날, 혼자 공원에서 산책하고 있다고 상상해봅시다. 집 근처 공원이나 자신이 좋아하는 공원을 떠올려도 좋습니다. 초록색 나무와 다양한 색깔의 꽃이 가득한 공원입니다.

산책하면서 무엇을 알아차리고 있나요? 꽃과 나무의 모양, 색깔을 볼 수도 있습니다. 바람이 시원하게 몸을 스치는 느낌을 알 수도 있습니다. 햇살이 밝게 비추고 있어서 눈이 부신 것을 알아차릴 수도 있습니다. 운동화를 신고 천천히 걷고 있다면 발바닥이 땅과 맞닿아 있는 느낌이 들 수도 있습니다.

이게 마음챙김입니다. 만약, 산책하면서 내일 있을 회의나 업무 때문에 계속 걱정하느라 내가 어디에 있는지, 무엇을 보고 있는지, 어떻게 걷고 있는지 알아차리지 못했다면

이는 마음챙김과는 거리가 먼 상태입니다.

매 순간 현재에 주의를 기울이는 건 정말 어렵습니다. 저도 마음챙김 상태로 산책하러 나갔다가 일 걱정, 가족 걱정, 다음주 일정에 관한 생각에 사로잡혀서 어느새 산책로를 한참 지나게 되는 일도 많습니다. 그 순간, 내가 마음챙김 상태와 멀어져 있다는 것을 자각하고 다시 현재로 주의를 가져옵니다. 조용한 공간에서 엄청난 집중력을 발휘해야만 마음챙김을 하는 것은 아닙니다. 내가 하는 것을, 주변에서 일어나고 있는 것을 판단하지 않고 바라본다면 마음챙김입니다.

> 두 사람은 물개처럼 누워서 웃다가, 이어서 중요하지 않은 이야기들을 좀 더 하다가 낮잠에 빠졌다. 그것은 등을 붙인 땅에 연결되는 듯한 부드럽고 깊은 잠이었고 깨어났을 때는 노을이 지고 있었다.
>
> 《시선으로부터》, 정세랑, 문학동네, 2020, 209쪽.

문장을 읽으면서 어떤 생각이 드는지, 몸의 느낌은 어떤지 관찰해봅시다. 마음챙김이 이런 거구나, 그저 하나씩 내가 하는 것에 주의를 두었다가 몸의 감각을 알아차리고 주변에서 일어나는 일을 아는 거구나,라고 생각하게 될 것입니다.

지금 떠오르는 생각, 지금 일어나는 감정, 지금 나의 움직임에 마음챙김 할 수 있습니다. 과거에 일어났던 일, 기억에 마음챙김 할 수도 있습니다. 생각이나 기억에 빠져 있는 상태가 아니라 지금 무슨 생각을 하고 있는지, 어떤 기억이 떠오르는지 알아차린다는 뜻입니다. 그리고 호흡, 심장 박동, 몸 안의 감각에 마음챙김 할 수 있고, 오감에 마음챙김 할 수도 있습니다. 무엇을 보고 있는지, 어떤 소리가 들리는지, 어떤 냄새가 나는지, 어떤 맛이 느껴지는지, 손이나 발의 촉감이 어떤지 살펴보면서 현재를 알아차립니다. 과거나 미래에 가 있던 마음을 현재로 가져옵니다.

〈평온의 기도〉에서 바꿀 수 있는 것과 바꿀 수 없는 것을 구별할 수 있는 지혜를 달라고 했는데, 그 지혜로 가는 길이 마음챙김입니다. 벙커로 잠깐 물러날지 혹은 벙커에서 나와 문제를 해결하고 삶으로 나아갈지, 마음챙김을 통해 알 수 있습니다.

저는 발표할 때마다 긴장을 많이 하는 편인데, 특히 발표를 듣는 사람들 얼굴을 볼 때 긴장감이 폭발합니다. 사람들의 무표정한 얼굴을 보면 '발표 별로다', '지루해', '무슨 말하는지 모르겠네'라고 쓰여 있는 것 같아서 얼굴이 점점 붉어지고 목소리는 더 떨립니다. 각자 발표를 듣는 자신의 표정을 떠올려보면 어떤가요? 저도 발표를 들을 때 집중하려고 인상을 쓰기도 하고 무표정해지기도 한데, 제가 발표하는 순간에는 그런 생각이 들지 않습니다. 공기가 나에 대한 부정적인 평가로 가득 차 있는 것 같아서 온몸이 긴장합니다. 긴장해서 말이 빨라지고, 말이 빨라지니까 숨이 차고, 숨이 차니까 불안하다고 느껴집니다. 발표를 잘하지 못했던 기억, 부정적인 평가를 받았던 기억이 쌓여 사람들 앞에서면 안 좋은 생각이 자동으로 떠오릅니다.

이때 생각과 감정의 소용돌이에 빠지지 않고, 잠깐 멈춰서 호흡과 몸의 느낌을 그저 알아차립니다. 숨이 가쁘고, 팔다리에 단단하게 힘이 들어가고, 손이 약간 떨리는 걸 관찰합니다. 몸의 느낌을 이상하게 생각하거나 빨리 바꾸려고 애쓰지 않습니다. 동시에 발표를 듣는 사람들 얼굴도 판단하거나 해석하지 않고, 그저 관찰하려고 노력합니다. 몸의 긴장감, 부정적인 생각, 불안감이 자동으로 연결되어서 나를 괴롭힐 때, 잠깐 멈춰서 마음챙김 합니다. 과거에 발표를 못했던 기억과 사람들의 평가(사실 실제 평가가 아니라 나의 추측이 대부분)에 몰두하지 않고 의식적으로 현재에 주의를 둡니다.

마음챙김을 하면 내가 어떤 생각을 하고 있는지, 어떤 감정을 느끼는지, 어떤 행동을 할 것 같은 충동을 느끼는지 자각하게 되므로 감정에 휘둘리는 행동을 할 가능성이 줄어듭니다. 우리는 화가 날 때 무심코 내뱉은 말과 행동에 화가 가라앉고 나서 후회할 때가 많습니다. 밤에 잘 때 누워서 부끄러워하는 거지요. 상대방이 어떤 말을 할 때 자동으로 내게 드는 생각(예: 나를 싫어한다, 나를 무시한다 등)이 있다면 그런 패턴을 알아차리고 확인해볼 수 있습니다. 내 생각이 모두 잘못되었고 내가 상대를 오해한다는 뜻이 아니라, 한번 점검해봐야 한다는 뜻입니다.

부모의 갈등으로 오랜 시간 고통을 받은 내담자가 있었습니다. 지금은 혼자 살고 있지만, 가끔 가족을 만나면 평소 자신의 모습과 달리 감정적으로 행동하고 나서 후회하게 된다고 합니다. 부모가 심하게 다투거나 의견 충돌이 있을 때 내담자는 중재자 역할을 충실히 해왔습니다. 어릴 때부터 부모가 화내지 않도록 달래는 역할을 해왔고, 빨리 어른이 될 수밖에 없었습니다. 가끔 부모가 내담자에게 전화하면 안부를 묻기보다는 자신이 배우자 때문에 얼마나 힘든지에 대해 토로하느라 전화를 붙들고 있었다고 합니다. 청소년기부터 성인이 될 때까지 부모의 감정을 달래느라 지친 내담자는 다행히도 조금씩 자기 마음을 표현하기 시작했습니다. 중재자 역할이 고통스럽다고, 더는 하기 어렵다고 말하였고 심리치료와 약물치료를 받으며 자신의 우울증을 돌보면서 살아가고 있었습니다. 다행히 부모도 내담자의 권유로 상담을 받으면서 관계가 호전되어 내담자를 이전만큼 힘들게 하지는 않는다고 했습니다.

이런 상황에서 부모와 관계를 회복하고 부모에게 관심과 애정을 받고 싶은 자신의 욕구를 전하고 싶은 게 목표라고 하며 상담에 왔습니다. 아직 어머니에게 전화가 오면 이전처럼 자신에게 하소연하는 전화일까 봐 덜컥 마음이 내려앉다가 짜증부터 나서 대화하기 어렵다고 합니다. 어머니가 안부를 묻거나 일상적인 대화를 건네는 말에 갑자기 화를 내고, 놀라고 당황한 어머니가 내담자에게 화를 내며 갑자기 전화를 끊는 게 반복된다고요.

내담자의 반응은 당연하다고 생각합니다. 오랫동안 부모의 고통을 내담자에게 쏟아냈으니 핸드폰에 뜬 이름만 봐도 깜짝 놀라고 감정적인 마음이 되는 게 당연하지요. 과거의 기억이 현재에도 자신을 고통스럽게 하고 있다는 것은 마음 아프지만 진실입니다. 이 상황에서 부모와 관계를 회복하는 게 내담자가 원하는 것이라면 잠깐 멈추고, 전화받기 전에 심호흡하고 마음챙김 하는 게 내담자의 삶을 조금은 더 살 만하게 만들어줍니다. 자동 반응을 알아차리고, 천천히 현재 일어나는 일을 관찰하는 것, 내 마음이 어떤 상태인지 바라보는 게 지금 필요한 일입니다.

외상 후 스트레스 장애 연구자인 베셀 반 데어 콜크Bessel van der Kolk는 회복의 핵심은 자각이며, 마음챙김이 없으면 마음도 없다고 말합니다.[10] 일상에서 산책하면서, 식사하면서, 샤워하면서, 지금 내가 하는 것과 내 생각과 감정, 몸의 느낌을 그저 알아차리는 게 마음챙김 연습입니다. 마음챙김을 통해 내가 어떻게 해야 할지, 무엇을 수용하고 변화시킬 수 있을지 선명하게 알 수 있습니다. 이를 통해 내가 원하는 삶으로 한 발짝 나갈 수 있을 겁니다.

은희: 선생님은 자기가 싫어진 적 있으세요?

영지: …응. 많이. 아주 많이. 나도 똑같아.

은희: 선생님은, 그렇게 좋은 대학에 다니는데도요?

영지: …자기를 좋아하기까지는 시간이 걸리는 것 같아. 나는 내가 싫어질 때 그냥 그 마음을 들여다보려고 해. 이런 마음들이 있구나, 나는 지금 나를 사랑할 수 없구나, 하고… 은희야, 힘들고 우울할 땐, 손가락을 봐. 그리고 한 손가락, 한 손가락 움직여… 그럼, 참 신비롭게 느껴진다? 아무것도 못할 것 같아도 손가락은 움직일 수 있어…

영화 〈벌새〉에 나오는 장면입니다. 영화를 보면서 저 대사를 생각하고, 영화가 끝나고서도 한참을 떠올려봤습니다. 힘들고 우울할 때 어떻게든 해결하려고 애를 쓰다가 지쳐서 더 우울해졌던 경험이 있을 겁니다. '이런 마음들이 있구나, 나는 지금 나를 사랑할 수 없구나'라고 나지막이 말하는 것, 손가락을 천천히 움직이면서 그저 바라보는 게 마음챙김이라고 전하고 싶습니다.

연습

마음챙김

마음챙김은 지금, 이 순간에 변화하는 나의 감정, 생각, 행동, 신체 감각을 자각하게 해줍니다. 자각하면 습관처럼 하는 자동적인 반응이 아닌 다른 선택을 할 수 있게 됩니다.

예를 들어, 아침에 눈을 뜨자마자 기분이 가라앉으면 '아무것도 못 하겠다, 나는 오늘도 실패했네'라는 생각이 자동으로 이어지고, 결국 침대에서 몇 시간이고 누워 있게 됩니다. 이전에 안 좋았던 기억으로 빠져들기도 하고, 미래에 대한 걱정 때문에 몸이 더 무거워지기도 합니다. 이런 자동적인 생각의 악순환에 빠지지 말고 마음챙김을 통해 순간순간 자신의 기분이 어떻게 변화하는지, 어떤 다른 생각이 지나가는지, 몸의 느낌은 어떤지 살펴봅시다. 우울하고 무기력한 기분이 계속 똑같이 이어지는 건 아닐 겁니다. 몸에서 다른 감각이 나타날 수도 있고, 부정적인 생각이 아닌 다른 생각이 지나갈 수도 있습니다. 이전과는 다른 행동을 선택할 가능성이 생깁니다.

마음챙김은 우리의 마음이 과거와 미래로 오고갈 때 현재로 돌아올 수 있게 도와줍니다. 우리의 마음이 과거에 빠져 있으면 후회와 자책이 밀려옵니다. '그때 왜 그런 말을 했지', '그때 참지 말고 내 의견을 말했으면 좋았을 텐데', '왜 바보같이 가만히 있었지', '화내지 말고 참을걸' 이런 후회에서 빠져나오기 어렵습니다. 반면, 마음이 미래에 가 있으면 불안과 초조함에 휩싸입니다. 저는 중요한 일을 앞두고 그 일에 관해 걱정하느라 마음이 분주할 때가 많습니다. '잘할 수 있을까, 실수하진 않을까', '사람들이 실망했다고 하면 어쩌나!', '내년엔 지금보다 더 어려워지는 건 아닐까?' 등의 걱정 때문에 마음은 전쟁터가 됩니다. 이럴 때, 지금 내가 하는 것, 지금 내가 생각하는 것, 그리고 지금 내가 보고, 듣고, 냄새 맡고, 맛보고, 느끼고 있는 것에 주의를 두면 마음은 다시 현재로 돌아옵니다. 다음의 마음챙김 연습[11] 중에서 지금, 여기에서 할 수 있는 일을 '그저' 시작해보세요.

1) 호흡 마음챙김

호흡에 마음챙김 하는 연습을 먼저 해봅니다. 쉽지 않지만 잘해야 한다는 마음을 내려놓고 천천히 따라 합니다.

숨을 고르고 부드럽게 쉬세요.

숨을 쉴 때, 입을 닫고 코를 통해 숨을 들이마셔 보세요. 콧구멍을 타고 올라갔다 내려오는 감각을 느껴봅니다.

숨을 들이쉬면서 배가 부풀어 올라 폐의 아랫부분에 공기가 차오르게 해보세요. 폐의 윗부분에 공기가 차기 시작하면 가슴이 팽창하기 시작합니다. 숨을 내쉬면서 배를 느껴보고, 가슴을 느껴보세요. 너무 숨이 찰 때까지는 하지 마세요.

들숨과 날숨을 알아차리면서 숨을 쉽니다. 숨을 들이쉬면서 폐에 공기가 가득 찼을 때 멈춘 후 알아차려 보세요. 숨을 내쉬면서 공기를 내보낼 때 잠시 멈추고 자각해 보세요.

억지로 심호흡할 필요는 없습니다. 자신의 자연스러운 호흡 속도에 맞춰서 연습합니다. 처음에는 잠들기 전 3분에서 5분 정도 시간을 내서 연습합니다. 이후 익숙해지면 지하철에서, 버스에서, 걸어가면서 호흡 마음챙김을 할 수 있습니다.

2) 오감 마음챙김

외부로 흩어져버린 마음을 오감으로 다시 돌아오도록 합니다. 시각, 청각, 후각, 미각, 촉각, 다섯 가지 감각을 알아차립니다.

공원 벤치에 앉아봅니다. 내 앞으로 누가, 무엇이 지나가는지 관찰합니다.

천천히 걷다가 풍경이 있는 곳에서 멈춥니다. 꽃이나 나무를 바라봅니다.

다른 사람의 표정과 동작을 관찰합니다. 그 사람의 감정, 생각, 관심을 단정하지 않으려고 합니다.

잠시 멈춰서 주변에서 들려오는 소리에 귀 기울여봅니다.
여러 가지 악기가 어우러지는 음악을 들으면서, 한 가지 악기 소리에만 주의를 기울입니다.
누군가 말을 하고 있다면, 그 사람 목소리의 음조, 소리의 부드러움이나 거침, 말의 분명함이나 웅얼거림, 혹은 말 사이의 멈춤에 귀 기울여봅니다.

숨을 들이쉬면서 무슨 냄새가 나는지 봅니다.
샤워할 때 비누나 샴푸를 코 가까이 가져갑니다.
좋아하는 향수를 뿌리고 숨을 크게 들이쉬고 내쉬어 봅니다.

음식을 입에 넣고 맛에 주의를 기울여봅니다. 한 입 한 입 먹을 때마다 그 맛에 주의를 기울여봅니다.
커피나 녹차를 마시며 맛의 감각을 느껴봅니다.

몸이 옷에 닿는 감촉을 느껴봅니다.
반려동물을 안고 손과 팔에서 느껴지는 감각에 주의를 기울입니다.

경직되거나 긴장된 신체 부위에 집중합니다.

마음이 다른 곳으로 흩어져 갈 때, 오감 마음챙김을 통해 지금 일어나고 있는 일에 주의를 두면서 현재로 돌아올 수 있습니다.

3) 생각 마음챙김

때로는 꼬리에 꼬리를 무는 생각 때문에 마음이 지옥으로 바뀔 때가 있습니다. 작은 걱정거리로 시작했다가 끔찍한 일이 생길지도 모른다는 생각까지 확장되기도 합니다. 그러다 보면 마음이 과거나 미래로 달려가 버리기도 합니다. 그럴 때 지금 하는 생각을 억지로 밀쳐내지도 않고, 생각의 꼬리를 물고 생각의 소용돌이로 들어가지도 않은 채 생각에 마음챙김 하면서 현재로 돌아올 수 있습니다.

지금 오른손을 펼쳐서 손금이 보이도록 놓고 눈 바로 가까이에 대보세요. 손이 코에 닿을 정도로 가까이 가져가 보고, 손바닥이 어떻게 보이는지 알아차려 봅니다. 이번엔 30센티미터 정도 거리를 두고 손바닥을 바라보세요. 손금의 모양이나 손바닥의 색깔이 눈앞에 두었을 때와 비교해서 어떻게 보이나요? 손을 생각에 빗대어보면, 반복적으로 하는 생각이나 안 좋은 감정이 들 때 자동으로 떠오르는 생각은 손을 눈앞에서 보는 것처럼 실체를 정확히 보기 어렵습니다. 생각 마음챙김은 손바닥을 거리를 두고 바라보는 것처럼 어떤 생각이 지나가는지 떨어져서 살펴볼 수 있게 합니다.

마음에 있는 생각들을 살펴보면서 각 생각 사이의 멈춤을 알아차려 봅니다.

내 마음이 하늘이고 생각은 구름이라고 상상해봅니다. 각각의 '생각 구름'이 흘러가는 것을 지켜보면서, 내 마음 안으로 드나들게 내버려 둡니다.

기차역에 서 있다고 상상해보세요. 기차가 지나가는 것을 관찰하면서 생각을 기차에 실어 보냅니다. 기차에 올라타지는 않습니다. 그저 생각이 지나가는 것을 관찰합니다.

풀밭에 앉아서 강물에 배가 지나가는 것을 지켜본다고 상상하세요. 배 위에 생각을 실어 보냅니다. 배에 뛰어들지 않도록 합니다. 생각의 배가 지나가는 것을 관찰합니다.

어떤 생각이 마음속에 들어왔다가 나가는지 관찰했나요? 계속 괴로운 생각만 한다고 알고 있었는데, 짧은 순간에 여러 가지 생각이 오고 가는 걸 관찰했나요? 생각 마음챙김을 통해 계속 그 생각에 매달리지 않을 수 있고, 한 발짝 떨어져서 마음속에 생각이 들어오고 나가는 것을 관찰할 수 있습니다.

4) 일상에서 마음챙김 연습하기

호흡 마음챙김, 오감 마음챙김, 생각 마음챙김이 익숙해질 때까지 시간을 따로 내서 연습하는 게 필요합니다. 익숙해지면 연습 시간을 따로 내지 않고 일상 활동에서 마음챙김을 연습할 수도 있습니다. 샤워할 때, 요리할 때, 드립커피를 내리고 마실 때, 혼자 춤추거나 노래할 때, 산책할 때 같은 일상의 순간들입니다. 그 순간의 감정, 생각, 행동, 몸의 느낌에 주의를 두면서 마음챙김 합니다.

핸드폰을 손에서 떼지 못할 때가 많습니다. 커피를 내

리는 동안에도 영상을 보고 기사를 보기도 합니다. 그래서 커피를 내리고 마시는 시간만큼은 마음챙김 하려고 노력합니다. 그 시간만큼은 온전히 커피를 내리고 커피를 마시는 활동에만 주의를 둡니다. 커피포트에 물을 끓이고, 물이 끓어가는 소리를 듣습니다. 커피 드립백을 뜯고, 숨을 크게 들이쉬면서 커피 향을 맡습니다. 물이 다 끓으면 적절한 온도로 낮춰지기를 기다립니다. 스마트폰으로 손이 가려는 것을 알아차리고, 그저 그 순간 눈에 보이는 것에 주의를 둡니다. 주전자에 물을 담아서 천천히 드립백에 부어봅니다. (사람마다 방법이 다르지만) 처음에는 원두를 적실 정도만 물을 붓고 30초를 기다립니다. 이후 드립백에 가득 찰 만큼 물을 붓습니다. 갈색으로 변해가는 물을 바라보고, 한 방울씩 커피가 떨어지는 걸 바라봅니다. 물이 아래로 다 떨어지면, 다시 붓기를 반복합니다. 잔이 차면 드립백을 제거하고 커피 향을 맡으며 천천히 입에 머금어봅니다. 이 글을 천천히 읽으면서 각자 커피를 내리고 마시는 상상을 했다면 충분히 마음챙김을 연습한 것입니다.

이런 행동이 삶을 크게 바꿔주지는 않습니다. 트라우마를 해결해주는 것도 아니고, 지금 해야 할 과제나 업무를 도와주는 것도 아닙니다. 다만, 계속 변화하는 우리의 감정과 생각에 닿을 수 있게 도와줍니다. 때로 강한 각성 상태나 강렬한 감정이 나타나더라도, 시간이 지나면 사라지고 다른 감정이 나타난다는 것을 알게 됩니다. 마음챙김은 우리가 과거에 계속 매몰되지 않고 현재에 깨어 있도록, 현재를 살아가도록 도와줍니다.

"별것 아닌 것 같지만, 도움이 되는*"

삶의 균형을 회복하는 자기돌봄 기술

✷

제목에 있는 '기술'이라는 단어를 보자마자 내 마음은 지옥인데 이런 게 다 무슨 소용인가, 그런 생각이 들 수 있습니다. 트라우마 후유증으로 힘든 시간을 보내며 겨우 버티고 있는데 또 노력해야 한다는 사실에 답답하고 억울한 마음이 들기도 합니다. 내 마음이 아픈 건 내 잘못이 아닌데 왜 내가 노력해야 하나, 왜 이런 기술을 연습하려고 애를 써야 하나, 그런 생각에 고통이 더욱 커질 수도 있습니다.

개인이 겪는 모든 문제가 자신의 탓은 아니지만, 그 문제는 우리가 직접 해결해야 합니다.[12] 행동을 변화시켜서

* 레이먼드 카버의 소설 《대성당》 중 〈별것 아닌 것 같지만, 도움이 되는〉에서 제목을 가져왔다.

자신의 삶이 변하도록, 조금 더 나아지도록 해야 합니다. 우울함, 불안함, 무기력감, 나를 해롭게 하는 행동의 원인이 외부에서 온 것일지라도, 바꾸려고 노력해야 하는 책임은 자신에게 있습니다. 현재 이 순간도, 앞으로 남은 순간도, 자신의 삶이기 때문입니다. 이 사실을 받아들여야 내 삶이 나아지는 방향으로 움직일 수 있습니다. 현재의 고통을 줄이기 위해 조금씩 노력할지, 혹은 계속 괴로워하며 상황을 악화시킬지는 우리 각자의 선택에 달려 있습니다. 뭔가 대단한 노력을 해야 한다는 생각이나 하루도 빠짐없이 실천해야 한다는 생각으로 부담스러울 수도 있습니다. 대신 지금 할 수 있는 것, 작은 것을 연습한다는 마음을 갖고 아래 내용을 읽어봅시다.

때로는 혹은 자주, 손끝 하나 움직일 수 없을 정도로 힘든 날이 있습니다. 저는 학교 근처에서 혼자 지낼 때, 우울감이 덮쳐오면 수업에 가지 못하고 그냥 누워서 멍하니 며칠을 보내기도 했습니다. 언제 자고 일어나는지도 잘 모를 정도로 시간이 흘렀습니다. 현관문을 열고 나갈 힘이 없는 날도 있습니다. 나를 괴롭히는 생각 때문에 무거운 몸이 더욱 무거워집니다. 이런 상황에서 어려운 '기술'을 연습하는 건 불가능합니다. 그저 냉장고에 있는 물이나 주스 마시기, 배달 음식 시켜서 밥 챙겨 먹기, 친구에게 전화해서 집에 와 달라고 부탁하기, 세수하기, 이런 '기술'들이 내가 할 수 있는 전부입니다.

주말 내내 마감해야 하는 일을 앞두고 걱정하느라 잠을 제대로 이루지 못했습니다. 잠을 못 자니까 피로감이 쌓이고 사소한 일에도 짜증이 나고 다 그만두고 싶다는 생각도 듭니다. 이래서는 안 된다는 생각에 기분을 끌어올리려고 애써도 잘되지 않습니다. 결국 괴로운 주말을 보내고 일요일 밤에는 빨리 자려고 노력합니다. 할 수 있는 일은, 오늘 일찍 자고 조금은 나은 상태로 내일 아침을 맞이하는 것뿐이었습니다. 이틀 동안 못 자다가 그날은 쓰러지듯 잠을 잤고 월요일 아침에 눈을 뜨니 몸이 조금 가벼웠습니다. 상황은 나아진 게 없고 할 일은 그대로 쌓여 있지만, 머리가 맑아지니 기분이 약간은 나아졌습니다. 아마 비슷한 경험을 한 번쯤은 해보았을 겁니다. 때로는 그저 잘 자는 것, 빨리 잠자리에 드는 것만이 나를 낫게 하는 방법일 때도 있습니다.

아무것도 아닌 기술이라는 생각에 놀랐나요? 우린 이런 작은 일조차 어려웠던 순간들을 경험해 보았을 겁니다. 〈별것 아닌 것 같지만, 도움이 되는〉이라는 레이먼드 카버Raymond Carver의 단편 소설 제목처럼 고통 속에 빠져 있을 때 사소한 것 하나가 나를 살릴 수 있습니다.

레이먼드 카버의 이 소설 속에 등장하는 빵집 주인은 가슴 아픈 사별을 당한 어느 부부에게 갓 구운 빵을 내놓으며 이렇게 위로합니다. "아마 제대로 드신 것도 없겠죠. 내가 만든 따뜻한 롤빵을 좀 드시지요. 뭘 좀 드시고 기운을 차리는 게 좋겠소. 이럴 때 뭘 좀 먹는 일은 별것 아닌 것 같지만, 도움이 될 거요." 거창하거나 근사한 위로의 말은 아니지만, 빵장수만의 방식으로 부부에게 위로의 말을 건넵니다. "퍽퍽한 빵이지만, 맛깔난다오." 부부는 조용히 그가 내어준 빵을 먹으며 날이 밝아올 무렵까지 그가 풀어놓는 사소한 이야기에 귀를 기울입니다. 그 이야기는 "형광등 불빛 아래에 있는데, 그 빛이 마치 햇빛처럼 느껴"지는 따뜻하고 놀라운 것이었습니다.

트라우마 이후 내 삶이 무너진 것 같은 순간에, 생각과 감정의 동요 속에서 할 수 있는 일이 아무것도 없다고 느낄 때, 우리는 '작은 하나의 행동'을 통해 지금보다는 조금 나은 상태로 들어갈 수 있습니다. 자책하는 생각이나 괴로운 생각에 빠질 때, 그 작은 행동이 우리를 괴로움에서 벗어나 다시 이 순간에 깨어 있게 합니다.

연습

지금 바로, 즐거운 일 하기

TV에서 어떤 가수가 스트레스를 어떻게 해소하냐는 질문에 다음과 같이 말했습니다.

"기운이 없고 기분이 가라앉으면, 일단 운동화를 신고 현관문을 나서요. 5분만 걷자고 생각했는데 가다 보면 어느새 공원 절반 정도를 지나게 돼서, 공원 끝에 있는 카페의 마카롱이 떠올라요. 그 생각에 힘을 내서 끝까지 걷고, 카페에 들어가서 주인 분과 인사를 나누고 안부를 전하면서 두 손 가득 디저트를 사 오면 다시 뭔가 해볼 기운이 나요."

기분을 좋게 만드는 자신만의 방법을 떠올려보세요. 최

근에 그 행동을 언제 했는지 생각나나요? 잘 기억나지 않으면 지금 시도해보세요. 무엇을 해야 기분이 나아질지 잘 떠오르지 않으면, 아래 목록[13] 중에 자신에게 즐거움을 주는 활동이 있는지 찾아보세요.

- 집 근처 공원에서 산책하기
- 달리기
- 자전거 타기
- 혼자 영화 보기
- 친구와 함께 영화 보기
- 볼륨을 키우고 음악 듣기
- 독서
- 만화책이나 웹툰 보기
- 맛있는 디저트 먹기
- 카페에서 맛있는 음료 마시기
- 좋아하는 식당에서 음식 포장해오기
- TV로 운동 경기 보기
- 운동 경기 직관하러 가기
- 쇼핑하기

- 나에게 선물하기
- 좋아하는 사람에게 선물하기
- 온종일 아무 일도 하지 않고 보내기
- 낮잠 자기
- 반신욕 하기
- 요리하기
- 새로운 것을 배우기
- 향초 켜두기
- 반려동물과 놀기
- 식물 가꾸기
- 방 꾸미기

목록을 읽기만 해도 기분이 나아질 수도 있습니다. 그런데 우리 마음은 뭔가 기분 좋은 일, 나에게 긍정적인 일을 하려고 하면 어김없이 '할 일은 다 했어?', '해야 할 일이 많은데 너한테 이런 여유가 있니?', '네가 지금 즐거운 일을 할 자격이 있니?'라는 생각을 피워내기 시작합니다. 사실 저도 마감에 맞춰 일하면서 즐거운 일은 뒷전일 때가 많았습니다. 심지어 일하지 않고 누워서 괴로워하기만 하는 순간에도, 그럴 여유가 없다는 이유로 기분을 낫게 하는 시도조차 못 했습니다.

지금, 바로! 즐거운 일을 시작하세요. 우리 삶에 긍정적인 활동을 만들어야 합니다. 행복한 삶을 살기 위해서는 즐거운 활동이 필요하고, 긍정적인 활동은 긍정적인 감정을 불러옵니다. 긍정적인 감정은 부정적인 감정을 줄여줍니다. 만약, 긍정 경험이 없다면 기쁨, 즐거움, 만족감 같은 긍정적인 감정을 거의 느끼지 못하고, 부정적인 기분이 가득 차게 됩니다. 그러면 고통스러운 감정을 일으키는 일에 더 취약해지고, 부정적인 기분을 더 잘 느끼고 그 기분은 더 오래 지속됩니다. 관절이 약해지면 관절을 둘러싸고 있는 근육을 단단하게 만드는 방식으로 관절을 보호합니다. 즉, 긍정적인 기분을 쌓아서 부정적인 기분의 영향을 줄이는 겁니다. 마음의 근육을 탄탄하게 만들어서 스트레스에 덜 취약한 상태로 바꿔줍시다.

연습

나를 보살피기

갓난아이는 전적으로 양육자의 보살핌을 받아야 생존할 수 있습니다. 자라면서 우리는 양육 과정에서 받았던 보살핌을 스스로 해내는 방법과 다른 사람을 보살피는 방법을 배우게 됩니다. 그러나 오랜 기간 학대 환경에 노출되어 있으면 생존하는 데 모든 에너지를 쓰느라 자신을 보살피거나 다독이는 힘을 기르기 어렵습니다. 영양소에 맞춰서 식사를 챙기는 일, 잠을 잘 자는 일, 계절에 따라 옷을 챙겨 입어서 체온을 유지하는 일, 그리고 마음이 괴롭고 고통스러울 때 내 감정을 알아주고 마음을 다독이는 일과 같은 자신을 돌보는 방법을 배우기 어렵습니다. 자신을 보살피고 돌보는 능력을 우리는 '지금' 배워야만 합니다. 트라우마를 계속 들여다보는 게 우선이 아닙니다. 현재 내 마음과 몸을 돌보는 능력을 길러야 합니다.

이유 없이 기분이 안 좋다고 느껴지면 먼저 몸부터 챙겨보세요. 스트레스 때문에 기분이 안 좋을 수도 있지만, 식사를 제대로 못 해서, 전날 잠을 잘 자지 못해서, 생리통이나 두통 같은 통증 때문에 컨디션이 나빠서, 질병이 있는데 병원에 가지 않고 내버려 두어서 등의 이유로 부정적인 감정이 증폭되기도 합니다. 몸과 마음은 연결되어 있습니다. 식사 챙기기, 충분히 자기, 몸 움직이기, 병원 가기, 이렇게 몸을 탄탄하게 만드는 방법을 연습하면 마음도 함께 탄탄해집니다.[14] 너무 당연하고 뻔한 기술이지만 정말 중요한 기술입니다.

1) 식사 챙기기

바쁘다는 이유로, 입맛이 없다는 이유로, 식사를 챙기지 못하는 경우가 있습니다. 식사를 챙기라고 하면 세 끼 모두 잘 차려진 밥을 먹어야 한다는 생각에 부담스럽기도 합니다. 현재 자신의 상황에서 가능한 만큼 식사를 챙겨봅시다. 간식이나 음료수로 식사를 대신하고 있다면 하루에 한 끼는 밥이나 빵을 먹는 걸 목표로 삼을 수 있습니다. 매일 즉석 음식을 먹고 있다면 일주일에 한두 끼는 요리하기를 목표할 수도 있습니다. 밥을 하고 국을 끓이는 어려운 일이 아니라 달걀부침, 라면, 김치볶음밥처럼 지금 내가 할 수 있는 요리를 말합니다. 만약, 바빠서 김밥이나 샌드위치를 먹으면서 일을 하고 있다면, 밥 먹는 시간만큼은 온전히 먹는 것에만 집중하고 음식 맛을 느끼는 게 목표가 될 수 있습니다.

2) 충분히 자기

많은 사람이 불면증으로 고통을 호소합니다. 잠드는 게 어렵고, 중간에 자주 깨서 수면의 질이 나빠지기도 합니다. 그리고 너무 이른 시간에 깨서 다시 잠들지 못하기도 합니다. 잠이 오지 않을 때 들으면 도움이 되는 혹은 도움이 된다고 생각하는 각종 ASMR*을 찾아보기도 하고, 우주 역사

* ASMR(Autonomous Sensory Meridian Response, 자율감각 쾌락반응): 특정 자극을 통해 심리적 안정감이나 쾌감 등을 느끼게 되는 현상. 시각·청각·후각·촉각 등의 자극을 통해 느껴지는 정서적 안정감이나 감각적 경험을 의미하는 신조어다. 스트레스를 줄이고 심리적·신체적 만족감을 얻을 수 있다고 알려졌으나 과학적 근거는 확인되지 않았다.

에 대한 다큐멘터리를 보면서 잠을 청하기도 합니다.

잠을 자기 위해 지켜야 할 생활 습관을 '수면 위생'이라고 하는데, 구체적인 내용은 다음과 같습니다.[15] 열린 마음으로 천천히 읽어보세요.

- 낮잠을 피합니다. 밤에 충분히 자지 못하여 낮잠을 자게 되면 다시 밤에 잠을 못 자는 악순환이 일어나므로 낮잠을 자지 않는 것이 좋습니다.
- 잠자리에 눕는 시간을 일정하게 합니다. 예를 들어, 수면 시간을 8시간으로 정했으면, 잠을 잤는지와 관계없이 침대에 눕기 시작한 순간부터 8시간이 지나면 일어나서 침대를 떠나야 합니다.
- 잠자리에 누워서 10분 이상 잠이 들지 않으면 침대 밖으로 나와 단순한 작업을 하면서 잠이 올 때까지 기다립니다. 이때 TV를 보는 것보다는 책을 읽는 것이 좋습니다.
- 침대는 오로지 잠을 자기 위해서만 사용하고 다른 일을 하거나 생각하기 위해 침대에 눕는 것을 피합니다.
- 주말이나 휴일에도 일어나는 시간을 일정하게 합니다. 주중에 수면이 부족했다고 해서 주말에 늦잠을 자지 않

도록 합니다.

- 밤에 깨더라도 시계를 보지 않습니다.
- 매일 규칙적으로 운동을 하고, 저녁 늦은 시간에는 운동하지 않는 것이 좋습니다.
- 잠자리에 들기 약 2시간 전에 따뜻한 물로 목욕을 하면 잠드는 데 도움이 됩니다.
- 수면을 방해하는 담배, 커피, 홍차, 콜라, 술 등을 피합니다. 술은 수면을 유도하는 효과가 있지만, 숙면을 방해하여 자주 깨게 하고 깊이 잠들지 못하게 만듭니다.
- 배고픈 느낌인 공복감도 잠들기 어려운 원인이 되므로 우유 등을 따뜻하게 데워서 마시면 도움이 됩니다.

읽자마자 안 해본 방법이 없다고 생각하는 분들도 많을 겁니다. 이미 잘 알고 있는 내용이고, 크게 도움이 안 되었던 경험도 있을 겁니다. 중요한 것은, 이 목록 중에 하나라도 일정 기간 꾸준하게 실천해보세요. 한 달 동안 일어나는 시간과 잠자는 시간을 기록해볼 수도 있고, 커피를 좋아하면 디카페인 커피로 바꿔서 마실 수도 있을 겁니다. 일주일 정도는 핸드폰이나 태블릿을 침실에서 치워보는 것도 도움이 될 수 있습니다. 모든 규칙을 지키려 애쓰기보다는, 한 가지 규칙을 정해진 기간만큼 실천해보는 게 필요합니다.

불면증의 고통이 극심한데 혼자 힘으로 극복하기 어려울 때는 반드시 전문가의 도움을 받아 약물치료를 받아야 합니다. 저도 오랜 기간 불면증으로 힘들어하다가 전문가와 상담하고 수면제를 복용했던 적이 있었습니다. 그때 도움받았던 점과 부작용에 대한 걱정, 실제 부작용에 관해 내담자들과 솔직하게 이야기를 나눕니다.

지난밤에 한숨도 못 잔 것 같은 기분(사실일 수도 있고 생각일 수도 있습니다)과 오늘도 제대로 못 잘 것 같은 두려움이 뒤엉켜 마음속 불안감은 걷잡을 수 없이 커집니다. 이런 생각을 억지로 없애려고 하지 말고, 그런 생각이 지나가는 것을 알아차리면서 자신에게 도움이 되는 행동을 하나씩 해봅시다.

3) 몸 움직이기

운동은 건강 관련 뉴스에 항상 등장하고, 만병통치약처럼 느껴질 수도 있습니다. 일주일에 세 번 이상, 30분 이상, 땀 흘리는 운동을 하는 게 수명을 늘리고, 심장질환 발병률을 줄이고, 스트레스를 줄여주고 등등 운동이 중요하다는 건 이제 지겹도록 들었습니다. 운동이라고 하면 피트니스 센터에 등록해야 할 것 같고, 빠지지 않고 가야 할 것 같고, 뭔가 새롭게 배우는 것처럼 느껴질 수 있습니다. 그래서 부담스럽고 피하고 싶을지도 모릅니다.

지금은 운동을 즐겨하고 좋아하게 되었지만 불과 얼마 전까지만 해도 헬스장에 억지로 가다시피 했습니다. 헬스장 3개월을 등록하고 서너 번 갔다가 결국 종료일에 사물함에 있는 운동화를 찾으러 가는 게 다였습니다. 새로운 운동을 시작하고 그만두기를 반복하다가 우연히 강한 근력 운동을 시작하면서 운동에 흥미를 느꼈습니다. 힘든 운동을 하는 그 순간은 걱정이 사라지고 온전히 집중할 수 있다는 생각에 즐거웠습니다. 머리가 맑아지는 기분이 들고, 해야 할 일에서 벗어난다는 생각에 열심히 다녔습니다. 1년 이상 꾸준히 운동하다 보니 몸에 단단한 근육이 느껴지고, 스스로 강하다는 생각이 들었습니다. 뭔가 알지 못했던 두려움이나 불안함도 줄어들고 의욕도 많이 생겼습니다.

처음부터 운동을 시작하기는 어려울 수 있습니다. 동네 뒷산 오르기, 공원 산책, 집에서 5분 스트레칭, 운동 영상

보면서 따라 하기, 무릎 바닥에 대고 팔굽혀 펴기 다섯 개. 현재 자신이 할 수 있는 것부터 시작합니다. 모든 게 다 어렵게 느껴지면 아침에 눈 뜨자마자 왼쪽으로 구르고, 오른쪽으로 구르고, 다섯 번 반복하면서 몸을 움직이는 것도 좋겠습니다.

4) 병원 가기

아픈 곳이 있으면 빨리 병원에 가서 치료받아야 합니다. 바쁘다는 핑계로 정기검진을 놓치다가 연말이 다 되어서야 받은 부인과 검진에서 난소에 혹이 있다는 걸 알게 되었습니다. 당장 수술할 필요는 없고 지켜보자고 했는데, 특별한 통증이 없고, 살아가는 데 지장이 없어서 그냥 넘어갔습니다. 몇 년 후에 다시 검진하게 되었고 혹의 크기가 많이 커지고 혹의 개수가 많아진 상태라 당장 수술이 필요하다는 얘기를 들었습니다. 병원에서는 여성들에게 많이 나타나는 질환이고 간단한 수술이라고 안심시켜 주었지만 불안한 마음이 많이 들었습니다. 일을 그만두고 수술을 하였고, 이후 한 달 넘게 후유증을 겪으며 몸을 돌보는 데 많은 시간과 에너지를 썼습니다. 수술 이후에 자연스럽게 나타나는 후유증이라는 설명을 들었지만, 통증은 꽤 오래 지속되었고 제 삶에도, 제 기분에도 오랫동안 영향을 미쳤습니다. 몸에서 강렬한 신호를 보내야만 아픈 걸 알아차리고, 아픈 걸 알고 나서도 다른 급한 일에 우선순위가 밀려 건강은 뒷전일 때가 많습니다. 트라우마 회복과 건강을 챙기는 게 당장은 관련이 없어 보이지만 현재 삶에서 나를 탄탄하게 만드는 게 회복의 가장 중요한 시작입니다.

"우리는 파도를 멈출 수 없다. 하지만"

감정의 파도타기

*

스스로 문제라고 느껴지는 행동이 있나요? 고치고 싶은 마음은 있지만 어려워서 습관처럼 굳어진 행동이 있나요? 예를 들어 과도한 음주나 흡연, 신경안정제 남용, 자해 행동, 자살 시도, 폭식·거식·구토, 소리 지르기, 학교나 직장에 무단결석하기, 연락 차단하고 잠적하기, 일 중독, 운동 중독 등. 이런 행동은 앞에서 살펴본 '생존전략'이 될 수도 있습니다. 즉, 이런 문제 행동은 과거 고통스러운 상황에 적응하기 위한 전략, 나름대로 문제를 해결하기 위한 행동일 수 있습니다. 만성적인 트라우마 상황에서 고통스러운 감정이 찾아올 때 술을 많이 마셔서 머리가 멍해지거나 취하면 그 순간만큼은 괴로운 감정을 느끼지 않아도 됩니다.

과도한 음주는 그 자체가 문제이기도 하지만 더 고통스러운 문제를 해결하기 위한 전략이기도 했습니다. 그러나 과거에 도움이 되었던, 혹은 도움이 된다고 믿었던 전략이 현재 내 삶을 어렵게 만들고 때로는 해치기도 합니다. '문제 행동'이라고 인정하고 의지를 갖고 고치려 해도 어려울 때가 많습니다. 이런 행동은 고통스러운 감정으로 인해 나타나는 경우가 많습니다. 즉, 강렬한 감정을 조절하기 어려울 때 이런 문제 행동을 하기 쉽습니다.

오랫동안 무기력하고 우울한 상태로 지냈다고 말하며 상담을 찾은 내담자가 있었습니다. 학업에 대한 스트레스, 친구들과의 갈등에 관해 주로 이야기했습니다. 상담을 이어가던 중, 눈에 띄게 체중이 빠져 보여서 건강에 문제가 있는지 물었습니다. 내담자들을 오랫동안 만나면서 급격한 체중 변화가 있을 때는 건강상 문제가 있거나 폭식과 거식과 관련된 문제가 있을 가능성이 크다는 걸 알게 되었습니다. 내담자는 건강에 문제가 없다고 답했고, 다른 문제에 관해 이야기를 이어갔습니다. 몇 회기가 지난 후, 혹시 상담에서 말하기 망설여지는 이야기가 있는지, 상담에서 꺼내기에는 아직 준비가 필요한 어려움이 있는지 물었습니다.

내담자는 폭식과 구토가 반복되고 있고, 체중 때문에 가족들이 자신에게 비난 섞인 잔소리를 하고 있다고 했습니다. 어떤 상황에서 폭식과 구토가 나타나는지 천천히 살펴보았습니다. 대부분은 가족들에게 듣는 부정적인 말이 내담자에게 강한 자극이 되었습니다. 비난을 듣고 지적을 받으면 너무 화가 나고, 화가 나면 의식하지 못하는 상태에서 냉장고에 있는 음식을 잔뜩 꺼내 급하게 먹게 됩니다. 자극적인 음식을 먹다 보면 화가 나는 마음이 약간 누그러집니다. 그러다 밤이 되면 '내가 이걸 다 먹었구나, 토하고 싶다, 또 살찌면 안 되는데'라는 생각이 밀려들면서 불안해집니다. 오늘 먹은 음식을 다 토해서 없었던 일로 만들고 싶다는 생각이 강하게 들면 화장실로 가서 게워냅니다. 토하고 나면 안심되면서도, 새벽이 되면 '내가 또 이런 짓을 했구나, 이렇게까지 괴로워하면서 사는 게 의미가 있나'라는 생각까지 다다릅니다. 폭식과 구토를 멈추고 싶은데 또 반복했다는 생각에 수치심이 밀려듭니다. 그 생각과 감정의 소용돌이에 빠져서 동틀 때까지 잠을 이루지 못하고 괴로워합니다.

자책하는 생각을 계속하는 것, 폭식과 구토를 반복하는 것, 모두 해결하고 싶은 행동입니다. 그런데 이 행동은 생각과 감정이 꼬리에 꼬리를 물면서 나타납니다. 강렬한 분노, 불안감, 수치심이 연결되어 있습니다. 감정 자체가 문제라기보다는 그 감정으로 인해 발생하는 행동이 나를 해칩니다. 자신이 어떤 감정을 느끼고 있는지 알아차려야 자신을 괴롭히는 감정의 정체를 찾아낼 수 있습니다.

우선 감정은 무엇이고, 감정을 어떻게 이해하는 게 좋을지 살펴보겠습니다. 다음의 내용 중에 자신에게 해당하는 문장이 있는지 확인해봅시다.

- 기분이 좋았다가 갑자기 나빠진다.
- 기분이 오르락내리락한다.
- 이유 없이(혹은 이유도 모른 채) 기분이 가라앉는다.
- 한번 화가 나면 걷잡을 수 없다.
- 어떤 감정을 느끼고 있는지 잘 모른다.
- 거의 아무 감정도 느껴지지 않는다.
- 항상 불안하고 모든 일이 다 걱정된다.
- 기분을 바꾸려고 노력해도 잘 안 된다.

문장을 읽기만 해도 감정이라는 게 없어졌으면 좋겠다는 생각이 들지도 모릅니다. 다시 문장을 읽으면서 자신이 많이 하는 생각에 밑줄 그어보세요. 밑줄이 하나도 없는 분은 아마 없을 겁니다. 최근에 밑줄 그은 생각을 하게 된 상황이나 사건을 떠올려보세요. 지금은 그 상황이 해결되었는지, 해결되지는 않았으나 저절로 사라졌는지, 내 기분은 나아졌는지 또는 안 좋은 기분이 계속 드는지 살펴봅시다. 그 상황 때문에 지금도 기분이 안 좋을 수는 있지만 아마 처음 느꼈던 강렬한 감정보다는 강도가 약해져 있을 겁니다. 과연 감정이라는 게 무엇일까요? 감정은 사전적 의미로 어떤 현상이나 사건을 접했을 때 마음에서 일어나는 느낌이나 기분입니다. 즉, 외부 자극으로 인해 자연스럽게 일어나는 것으로 이해할 수 있습니다.

그렇다면 감정은 왜 필요할까요? 우리에게 중요한 정보를 알려주기 때문입니다. 운전자와 보행자는 도로에서 어떤 기준으로 움직이나요? 바로 신호등입니다. 빨간불일 때 멈춰서 기다리고, 초록불에 횡단보도를 건넙니다. 빨간색과 초록색 신호등이 우리에게 정보를 주는 것처럼 감정도 우리에게 정보를 줍니다. 신호등이 주는 정보에 따라 움직이려면 각 신호가 무엇을 의미하는지 알고 있어야 합니다. 감정도 마찬가지입니다. 어떤 감정을 느끼고 있는지 알아차리고 그 감정이 무엇을 의미하는지 이해해야 감정을 조절하고 자신에게 필요한 행동을 할 수 있습니다.

처음으로 직장생활을 시작할 때였습니다. 상사가 너무 무서워서 앞에만 가면 긴장되고 심장이 터질 것 같았습니다. 목소리가 떨리고 말이 잘 나오지 않고, 혼나는 일이 반복될수록 두려움은 커졌습니다. 퇴근하고 집에 가면 혼났던 일을 곱씹으며 무기력해지기도 하고, 상사 얼굴을 떠올리다가 두려워지기도 하고, 문득 화가 치밀어 오르는 느낌이 들기도 했습니다.

사실 처음에는 두려움과 무기력감이 너무 커서 화가 난다는 사실을 인지하지 못했습니다. 마음속에서 상사에게 소리 지르고 싶거나 따지고 싶은 충동이 올라오면 그런 생각을 지우려고만 했습니다. 제가 느끼는 감정 중에서 무섭고 두려운 느낌뿐만 아니라 화도 중요했는데, 아마 화는 인정하지 않으려고 했던 것 같습니다. 화나서 뭔가 잘못된 행동을 할까 봐 두려웠을지도 모릅니다. 상대에게 화가 났다는 걸 인정하고 알아차렸다면 오히려 나를 보호하는 방법을 찾았을 겁니다. 맞서 싸우지는 못했더라도 상대의 무시하는 말이나 비아냥거리는 말을 듣고 무기력하게 있지는 않았을 겁니다. 그 말이 진짜 나를 의미한다고 내버려 두지는 않았을지도 모릅니다. 당시에는 두려움이 너무 크니까 실수하지 않으려고 긴장하는 것 말고는 할 수 있는 일이 없다고 느꼈습니다.

감정은 우리에게 중요한 정보를 전달합니다. 화재경보기가 울리면 불이 난 게 아닌지 확인해야 하는 것처럼 감정이 느껴지면 어떤 상황인지 살펴봐야 합니다. 감정 자체가 '사실'이라는 뜻이 아닙니다. 한번 알아봐야 할 '신호'에 가깝습니다. 예를 들어, '내가 그 상사를 무서워하니까 그 사람은 나쁜 사람이야, 무서운 사람이야'라고 단정 지을 수는 없습니다. 반대로 '내가 그 사람을 좋아하니까 그 사람은 믿을 만한 사람이야'라고 말할 수도 없습니다. 실제 나에게 위험하거나 해로운 관계일 수도 있고, 내가 좋아해서는 안 되는 사람일 수도 있습니다. 그래서 감정을 느낀다는 것은 그 자체로 사실을 의미하는 게 아니라 한번 살펴봐야 할 신호로 이해해야 합니다. 그리고 감정을 억제하고 안 느끼려는 것과 감정이 느껴지면 있는 그대로 표현하는 것 사이에서 균형을 맞추는 게 필요합니다.

> 당신은 파도를 멈출 수 없다. 그러나 파도를 타는 법을 배울 수 있다.
>
> - 존 카밧진

문장을 읽으면서 어떤 생각이 지나가는지, 어떤 장면이 떠오르는지, 어떤 기분이 드는지 천천히 알아차려 봅시다. 서핑하는 장면이 머릿속에 그려질 수도 있고, 바다 앞에 서 있는 느낌이 들 수도 있습니다. '파도'라는 말에 '감정'이라는 말을 대입시켜 봅시다. 이번엔 어떤 생각이 드나요? 감정이 강해져서 마음이 괴로울 때는 감정이 없었으면, 아무것도 못 느꼈으면, 하는 바람이 듭니다. 좋은 감정이 마음에 가득 차서 행복한 순간도 당연히 있지만, 부정적인 감정에 휩싸일 때는 좋았던 순간을 떠올리기 어렵습니다. 내 마음이 파도치는 바다가 아니라 고요한 호수라면 괴로움에 휩싸여 잠 못 자는 날도 줄어들 텐데, 이런 생각을 자주 했습니다. 사실 지금도 할 때가 많습니다. 행복한 감정이나 괴로운 감정을 거의 안 느끼고 고요한 상태가 유지된다면, 삶이 조금 더 편안하지 않을까 고민하기도 했습니다. 다행히 감정을 이해하고, 감정을 공부하고, 감정조절을 연습하면서는 마음이 조금씩 바뀌었습니다. 파도가 24시간, 365일, 매 순간 움직이는 걸 멈출 수 없듯이 사는 동안 감정이 살아 움직인다는 걸 받아들이려고 노력하고 있습니다.

서핑을 배우기 시작하면서, 머리로만 이해하던 존 카밧진의 말을 몸으로 체험하는 순간이 있었습니다. 백사장에서 안전 수칙을 익히고, 이론 수업을 듣고, 서프보드 위에서는 연습을 하고 나서야 비로소 바다로 나갑니다. 초보자는 혼자 파도를 타기도 어렵고, 어떤 파도를 탈 수 있는지 구별하기도 어렵습니다. 그래서 강사가 파도를 골라주면 준비하다가 강사가 밀어주는 힘으로 파도를 탑니다. 사실 파도를 탄다기보다는 사람이 밀어주는 힘으로 잠깐 서프보드 위에 올라서는 연습입니다. 익숙해지면 직접 패들링*해서 조금 더 먼 바다로 나가서 파도를 탑니다. 어떤 파도는 지나 보내고, 또 다른 파도는 탈 준비를 합니다. 좋은 파도,

* 패들링(paddling): 파도타기 널에 엎드려 양손으로 물을 저어 널빤지를 전진시키는 기술.

즉 자기 수준에 따라 서핑을 즐겁게 할 수 있을 정도의 파도를 기다리고 때에 맞춰서 서프보드 위에 일어섭니다. 때때로 엄청나게 강한 파도가 오면 타려고 노력하거나 파도에 맞서 싸우지 않고 오히려 서프보드를 뒤집어서 바다 아래로 잠깐 숨었다가 나옵니다*.

서핑을 잘하게 되면 큰 파도도 탈 수 있는 것처럼 감정조절 하는 힘을 기르면 강한 감정이 들 때도 나를 해롭게 하거나 타인을 해롭게 하지 않고 그 순간을 지나갈 수 있게 됩니다. 감정조절을 배운다고 해서 모든 감정을 처음부터 조절할 수 있게 되지는 않습니다. 세찬 파도가 치면 잠깐 물속에 들어가 숨을 참고 파도가 지나가길 기다려야 하기도 합니다. 마찬가지로 강한 감정이 치솟으면 해결하려고 애쓰기보다는 잠깐 멈추고 주의를 돌려서 감정의 불씨가 줄어들기를 기다려야 합니다. 파도타기에 익숙해지면 큰 파도를 탈 수 있게 되는 것처럼 감정조절도 연습하는 만큼 능숙해지게 됩니다.

* 터틀롤(turtle roll): 서핑에서, 부력이 좋은 긴 보드를 사용하는 보더가 부서지는 파도를 피하는 방법. 파도가 칠 때 보드를 잡고 밑으로, 즉 바닷속으로 피하는 방법이다. 거북이가 뒤집는 모양이랑 비슷하다고 해서 터틀롤이라고 불린다.

연습

감정일기 쓰기

제목의 '감정일기 쓰기'라는 단어를 보면 어떤 마음이 드나요? 사실 그 앞에 있는 '연습'이라는 말부터 여러분의 마음을 불편하게 만들지는 않나요? 많은 심리학 서적에서 연습, 글쓰기 같은 부분이 나옵니다. 힘든 마음에 책을 들었다가 또 뭔가 하라고 시킨다는 생각에 책을 덮었던 기억이 제게도 있습니다.

연습이라는 부분은 당연히 직접 실천해보면 좋지만 당장 하기 어려울 때는 상상만 해봐도 좋습니다. 연습하기 싫은 마음이 있다는 것도 인정하고 수용합니다. 모든 게 다 귀찮고 짜증 나는 날도 있습니다. 이 책을 덮고 며칠이 지나서 생각이 나면 다시 펼쳐도 좋고, 연습하고 싶은 마음이 싹트면 펜을 들기만 해도 좋습니다.

걸을 때 오른발이 앞으로 나가면 왼팔이 앞으로 나가는 게 자연스럽습니다. 의식하지 않아도 자연스럽게 반대 팔과 다리가 움직입니다. 만약, 의도를 가지고 오른발과 왼팔이라고 자꾸 생각하게 되면 오히려 스텝이 꼬이고 걷는 게 어색해집니다. 마찬가지로 감정을 살펴보고 인식하는 방법도 걷기처럼 익숙해진다면, 강렬한 감정이 들 때도 자연스럽게 그 방법을 떠올릴 수 있습니다. 감정조절기술이라는 말을 들으면 내 감정이 잘못되어서 조절해야 한다고 생각할지도 모릅니다. 하지만 감정은 옳고 그름이 없습니다. 내 감정이 잘못되었기 때문에 조절해야 하는 건 더더욱 아닙니다. 다만, 감정의 강도가 세고 빈도가 잦아지면 원치 않는 행동을 하게 되고, 감정이 나를 더 괴롭게 만들기 때문입니다.

화났다는 것을 인식하고, 인정하고, 이후에 화를 어떻게 조절할 수 있을까요? '화'라는 감정이 우리를 괴롭힐 때가 많습니다. 주변 사람들에게 왜 이렇게 화를 내느냐고 피드백을 받는 사람 중에는 억울하다고 말하는 사람이 많습니다. 자신은 참고 참다가 한마디 하는데, 주변 사람들은 자신을 버럭 화내는 사람으로 오해한다고 말입니다. 감정의 강도를 0에서 100이라고 가정했을 때, 30이 짜증이라면 90은 머리에서 김이 날 정도의 분노라고 볼 수 있습니다. 30의 강도였을 때 자신의 감정을 말하지 못하다가 항상 90 가까이 되면 갑자기 불쑥 화를 내는 경우가 많습니다. 90이 될 때까지 꾹꾹 참았다는 사실은 주변 사람들이 알지 못하므로 억울한 마음이 듭니다. 이렇게 감정이 너무 강해져서 감당하기 어려워지기 전에 감정을 조절하는 게 필요합니다.

어떤 감정 때문에 흥분하게 되고 그 상태가 유지되면 또 다른 감정이 촉발되기 쉽습니다. 계속 불안한 상태에 있다가 점점 화가 나기도 합니다. 사고가 났을 때 처음에는 두려웠다가 곱씹다 보니 점점 두려움은 줄어들고 상대 운전자에게 화가 나고, 한번 화가 나니까 열받는 단계까지 가기도 했습니다. 화가 나고 흥분 상태가 줄어들지 않으니 감정이 증폭되면서, 나중에는 운전을 제대로 하지 못한 저를 탓하며 수치심이 들기도 했습니다. 감정이라는 건 롤러코스터를 탄 듯이 움직입니다. 브레이크를 적절히 밟아주지 않으면 액셀러레이터만 밟는 것처럼 점점 고조되기만 합니다. 평소에 어떤 상황에서 내가 어떤 감정을 느끼는지 자각하는 것만으로도 감정에서 한 발자국 떨어질 수 있습니다.

영화 〈인사이드 아웃〉을 본 적 있나요? 영화에는 감정 컨트롤 본부에서 일하는 기쁨이joy, 슬픔이sadness, 버럭이anger, 까칠이disgust, 소심이fear가 나옵니다. 영화 초반에는 슬픔이가 필요 없는 존재처럼 느껴지기도 하고 괜히 슬픔이가 일을 망친다는 생각이 들기도 합니다. 그러다가 가족과 친구들이 힘든 순간에 자신을 위로해주러 온 건 슬픔이가 있었기 때문이라는 걸 깨닫게 되는 부분이 나옵니다. 영화가 끝날 즈음에는 우리에겐 기쁨이만 필요한 게 아니라 슬픔이를 포함한 다양한 감정이 필요하단 걸, 나쁘다고 느껴지는 감정조차도 삶에서 마주하는 자연스러운 감정이라는 걸 알아차리게 됩니다.

강렬한 감정이나 원치 않는 감정을 조절하려면, 혹은 타인에게 내 감정을 표현하려면 먼저 무엇을 알아야 할까요? 자신이 느끼고 있는 감정의 실체를 알아야 합니다. 감정이 느껴지는 대로 분출해왔거나 혹은 감정을 느끼는 게 두려워 피해왔다면 자신의 마음을 정확하게 알기 어렵습니다.

우선, 하루를 마무리할 때 일기를 쓰는 마음으로 감정 일기를 씁니다. 하루 중 가장 기억에 남는 일, 내 마음을 가장 힘들게 했던 일을 떠올립니다. 가능하면 마음챙김 상태로 일기를 쓰세요.

상황	신체 감각/표정	생각	감정
가능하면 나의 판단이나 해석을 빼고, 무슨 일이 일어났는지 기록해보세요.	몸에서 어떤 반응이 일어나는지 관찰해보세요.	당시 상황에서 어떤 생각이 지나갔는지 떠올려보세요.	어떤 감정을 느꼈나요? 감정에 이름을 붙여 봅시다.
다른 부서에서 예정에 없던 회의를 요청하였다.	얼굴이 굳어짐. 심장이 뜀.	내가 맡은 업무가 잘 안 되고 있어서 확인하려고 한다.	불안, 초조
집안일 분담하는 문제로 룸메이트와 말싸움을 했다.	목덜미가 딱딱해짐. 손이 뜨거워짐.	룸메이트는 이기적이다, 자기 입장만 생각한다.	화, 짜증

처음부터 네 칸에 모든 내용을 채우기는 어렵습니다. 어떤 상황이었는지 떠오르는 대로 기록해보고, 최대한 무슨 일이 일어났는지 구체적으로 작성해봅니다. 몸의 감각이나 생각은 떠오르지 않을 수도 있습니다. 감정은 하나만 불쑥 나타나는 게 아니라 불안과 슬픔이 같이 나타나기도 하고, 화가 나면서 죄책감이 느껴지기도 합니다. 그 상황에서 내 마음에 나타나는 감정에 어떤 이름을 붙일 수 있을지 떠올려봅니다. 다 채우지 못할 것 같은 생각에 펜을 다시 내려놓기보다는, 한 단어라도 적어봅시다. 감정에 관해 기록하다 보면 정확한 감정을 알 수 있게 되고, 나아가 이 감정이 나에게 어떤 메시지를 보내고 있는지, 이 상황에서 누구에게 무엇을 확인해야 할지, 감정의 역할은 무엇인지 알 수 있습니다.

3장

더 깊은 회복으로

"누구나 상담자가 필요합니다"

선수와 코치처럼

*

우리는 일상의 많은 스트레스를 스스로 대처합니다. 그렇지만 스트레스와 달리 트라우마를 겪은 후에는 혼자 힘으로 고통에서 벗어나기 매우 어렵습니다. 우리 몸에, 감정에, 관계에, 정체성에 영향을 미치는 트라우마는 시간이 흐른다고 저절로 해결되지도 않고, 마음을 고쳐먹는다고 해결되지도 않습니다. 과거 트라우마 경험 때문에 현재에도 고통을 느끼고 있다면 혼자 해결하려 너무 애쓰지 말고 전문가의 도움을 받아야 합니다.

긴 시간 심리상담을 받은 적이 있습니다. 가정에서 오랫동안 발생했던 문제(과거완료 형태면 좋겠지만 사실 현재진행형입니다)로 인해 청소년기 시절부터 우울한 기분, 초조한 기분, 무기력한 느낌, 미칠 것 같은 화 때문에 혼란스러운 시기가 주기적으로 찾아왔습니다. 성인이 되고 나서 가까운 친구들에게 조금씩 이야기를 털어놓기 시작했습니다. 그러고 나면 조금 후련하기도 하고, 친구들의 위로를 받으면 마음이 나아지기도 했습니다. 그러나 여전히 문제는 진행 중이었고, 마음의 고통은 조금 나아졌다가 심해지기를 반복할 뿐이었습니다. 좋아하는 친구들에게 부담을 줄까 봐 힘든 얘기를 하는 것도 주저하게 되면서 외롭게 느껴지기도 했습니다.

임상심리전문가로 일하는 저도, 사실 제 문제로 상담을 받는다는 건 생각보다 큰 용기가 필요한 일이었습니다. 주변 사람들에게는 마음이 힘들 때 상담받도록 권유했지만 정작 제 문제 앞에서는 혼자 고민하는 시간이 쌓여갔습니다. 상담소에 전화를 걸어 예약하기까지 긴 시간이 걸렸습니다. 오랫동안 쌓인 가족의 문제를, 내 마음의 문제를 어떻게 풀어내야 할지 걱정되었습니다. 내가 제대로 말을 할 수 있을지, 나의 어려움을 충분히 이해받을 수 있을지, 여러 가지 생각이 제 마음에서 싸우고 있었습니다. 내담자들이 상담실에 들어와서 상담자가 자신을 어떻게 볼지, 자신의 어려움을 이해해줄지 걱정된다고 말했던 게 떠올랐습니다. 저도 상담자 앞에서 제 이야기를 털어놓으니 똑같은 걱정이 찾아왔습니다. 그리고 제가 만난 어느 내담자보다 많은 눈물을 흘리며, 많은 감정이 휘몰아치는 걸 경험했습니다. 과거 문제 때문에 현재 내 삶이 이렇게 고통스럽다는 게 새삼 놀랍게 느껴졌습니다.

다행히도 상담자와 긴 시간을 만나면서 이해와 수용을 받는 게 무엇인지 경험하게 되었고, 문제에 휩싸여 정확히 보지 못한 부분이 무엇인지도 발견할 수 있었습니다. 자책하는 생각, 타인을 비난하는 생각, 나를 벼랑 끝으로 몰아세우는 생각, 이런 생각과 연관된 감정이 나를 괴롭히고 있다는 것을 마주하였습니다. 내가 상담을 받는다고 해서 가족이 달라지거나 주변의 문제가 사라지는 것은 아닙니다. 다만, 문제가 다가올 때 피하거나 해결할 힘, 상대나 주변 환경으로부터 나를 (조금이나마) 보호하는 힘, 주변에 도움을 요청할 힘이 싹틉니다.

필요할 때는 내담자에게 정신건강의학과 진료를 권유하기도 합니다. 약물치료와 심리치료를 병행하면 도움이 된다고 느껴질 때 제안합니다. 특히, 수면장애로 오랫동안 고

생하다가 정신건강의학과에서 도움을 받았던 저의 경험이 내담자에게 약물치료를 권유할 때 도움이 됩니다. 저를 포함하여 많은 사람이 약물치료에 대한 거부감이나 두려움이 있습니다. 저의 경험을 공유하면서 약물치료를 받기 전에 혹은 받으면서 걱정했던 게 무엇인지, 도움이 되었던 건 무엇인지 솔직하게 털어놓기도 합니다. 트라우마로 인해 심리적, 신체적 고통을 겪는 많은 내담자가 수면장애가 있다고 말합니다. 밤에 잠들기가 너무 어렵고, 어렵게 잠이 들어도 자주 깨고, 평소와 달리 이른 새벽에 깨서 더는 잠을 이루지 못하는 사람이 많습니다. 한 번이라도 불면증을 앓아 본 사람들은 잠을 못 자는 고통이 얼마나 큰지 알 것입니다. 잠 못 이루는 새벽이 얼마나 괴로운지, 오늘도 못 잘까 봐 얼마나 불안한지, 다음 날 컨디션이 안 좋아서 해야 할 일을 못 할 때 자신을 얼마나 다그치는지. 혼자 문제를 해결하는 데 익숙해진 사람들은 타인의 도움을 받는 게 낯설고 두렵게 느껴질 수 있습니다. 특히, 예전보다 정신건강의학과와 심리상담센터의 문턱이 낮아졌음에도 불구하고 아직 많은 사람에게는 높은 벽인 것 같습니다. 그럴 때 트라우마는 혼자 대면할 수 없으며, 고립되지 않고 연결을 통해 회복할 수 있다는 것을 기억하면 좋겠습니다.

트라우마 전문가를 찾아가려 하거나 현재 전문가와 만나고 있다면 아래 내용을 마음에 담아 두면 좋겠습니다. 어떻게 전문가와 협력하여 치유와 심리적 회복을 이룰 수 있을까요?

첫째, 트라우마 치료자와 생존자의 관계는 코치와 운동선수의 관계와 비슷합니다. 운동 경기를 보면 전략을 짜고, 선수에게 기술을 가르쳐주고, 연습하도록 격려하고, 응원하는 게 코치 역할인 것 같습니다. 그러나 코치가 아무리 여러 가지 기술을 가지고 있어도 경기장에서 직접 뛰는 건 선수입니다. 마찬가지로 상담자는 내담자의 문제를 파악하고, 해결책을 찾아보고, 연습도 함께 하지만, 실제 문제 상황에 부딪혀서 상대와 대화하거나 문제를 해결하는 건 내담자입니다. 하바드 의과대학 교수 주디스 허먼Judith Herman은 회복이라는 도전 과제에 치료자의 전문성, 판단력, 도덕적인 지지는 매우 중요하지만, (궁극적으로) 회복은 생존자의 행동을 통해서 달성된다고 말합니다.[16]

둘째, 회복 과정은 '천천히' 이루어집니다. 많은 내담자가 트라우마 이후에 오랫동안 고민하다가 용기 내어 정신건강의학과나 심리상담센터에 찾아갑니다. 상담을 신청하기까지도 힘든 시간이었는데, 상담자와 만나서 트라우마 이야기를 하는 건 더욱 고통스럽습니다. 상담에서 트라우마와 관련된 이야기를 처음부터 끝까지, 빨리 끝내야 좋아진다고 생각하는 내담자도 많습니다. 그럴수록 마음이 조급해지고 트라우마 이야기를 쏟아내다가 고통이 커지면, 역시 상담은 자신에게 맞지 않는다고 생각하며 그만두기도 합니다. 예를 들어, 여러분이 피트니스 클럽 코치라고 상상해보세요. 운동을 처음 배우는 새로운 회원이 근력을 기르고 싶다고 말하며 센터에 등록했다고 해봅시다. 코치인 여러분은 신규 회원의 기초체력을 측정하고, 현재 건강상태를 확인합니다. 회원이 단기간에 근육량을 늘리고 싶으니까 하루에 10시간씩 운동하러 오겠다고 합니다. 코치인 여러분은 어떻게 얘기할까요? 운동을 안 하던 사람이, 사실 운동해오던 사람이라도 하루에 10시간씩 운동한다고 하면 아마 말릴 겁니다. 오히려 건강을 해친다고 염려하며, 천천히 운동량을 늘리자고 말할 겁니다. 트라우마 치료도 마찬가지입니다. 트라우마 이야기도 천천히, 회복에 관한 것도 천천히, '천천히'가 중요합니다. 공부할 때, 운동할 때, 그 외에 어떤 일이든 능숙해지는 데는 충분한 시간이 필요합니다. 마찬가지로 트라우마가 삶을 잡아먹고 있는 상황에서, 그 영향력에서 벗어나기 위해서는 충분한 시간이 필요합니다. 상담의 진행 속도를 결정하기 위해 상담자와 내담자가 코치와 선수처럼 상의하고 조율해나가는 과정이 필수입니다.

어린 시절 오랫동안 부모로부터 신체 학대와 정서 학대를 경험한 내담자가 상담자를 찾아왔습니다. 대학 졸업 후 직장을 다니며 바쁘게 살아왔다고 했습니다. 과거에 있었던 일은 기억 저편에 둔 채 살려고 노력했고, 학교와 회사에서 인정도 받아왔습니다. 그러다가 직장 동료와 갈등이 생기거나 연인과 문제가 있을 때면 어떻게 해야 할지 모르는 상태로 압도되거나, 갑자기 두려워지면서 어린 시절의 기억이 불쑥 나타난다고 했습니다. 마치 컴퓨터를 하다가 오류 팝업창이 뜨는 것처럼 예상치 못하는 상황에서 걷잡을 수 없이 기억의 파편이 쏟아진다고 말입니다.

내담자는 혼자 판도라의 상자를 열기가 무서워 상담에

왔다고 말하며 매회기, 빠른 속도로 트라우마 사건을 이야기했습니다. 상담자인 저도 내담자가 겪은 폭력적인 일에 압도되어 빠르게 쏟아지는 이야기를 열심히 듣게 되었습니다. 상담이 끝나면 어지럽고, 메슥거리는 느낌, 온몸에 힘이 빠지거나 경직되는 느낌이 교차하였습니다. 그렇게 두세 번의 회기가 지나고 상담이 롤러코스터를 탄 것처럼 빠르게 흘러간다는 걸 알게 되었습니다. 내담자에게 상담이 끝나고 나면 어떤지 묻자, 토할 것 같은 느낌, 어지러움, 가슴이 답답한 느낌이 든다고 했습니다. 상담자도 비슷한 감각을 느낀다고 솔직하게 털어놓고, 상담자와 내담자 모두 트라우마에서 빨리 벗어나려는 목표 때문에 마음이 급해진 것 같다고 얘기했습니다. 치료 과정이 어떻게 흘러가고 있는지 계속 점검하면서 내담자에게 맞는 속도를 찾으려고 계속 대화를 이어갔습니다.

회복의 과정은 더디고, 때로는 앞으로 전혀 나아가지 않는 것처럼 느낄 때도 있습니다. 많은 내담자가 정신건강의학과에서 처방받은 약을 챙겨 먹고, 상담에 꾸준히 나가며, 식사를 챙기고, 가벼운 운동을 하면서 회복을 위해 무던히 노력합니다. 그러다 문득 자신이 노력한 것에 비해 마음의 회복이 느린 것 같이 느껴지면 모든 걸 포기하고 싶어지는 순간이 찾아옵니다. 과거 트라우마가 자신의 잘못도 아닌데, 애를 쓰며 힘들게 노력하는 게 소용없는 일처럼 느껴지기도 합니다. 그럴 때 트라우마의 영향력에서 벗어나는 과정이 어떤 건지, 다른 사람들은 어떻게 변화하고 있는지를 되새겨 봅시다. 회복에는 충분한 시간이 필요하고 변화는 더디게 온다는 것을 미리 알고 있다면 포기하지 않고 한 발자국 더 나아갈 수 있을 겁니다. 다음 이야기에서는 어떤 길을 거쳐서 트라우마에서 벗어나는지 그림을 그려보려 합니다.

“낯선 길에서도 안심하기”

회복의 지도 그리기

*

극장에서 영화가 시작되기 전에 먼저 나오는 영상을 기억하나요? 화재 시 대피요령이 꼭 나옵니다. 현재 있는 곳이 몇 관인지, 해당 관에서 비상구는 어디에 있는지, 불이 나면 직원의 지시에 따라 어떻게 대피하는지 자세히 설명합니다. 저는 극장에 갈 때마다 비상구 위치를 유심히 살펴보는 편인데, 위치를 확인하는 것만으로도 폐쇄된 공간에서 안도감을 느낄 수 있기 때문입니다.

고층 건물에 처음 가면 각 층에 무엇이 있는지, 내가 있는 곳이 몇 층인지, 내가 찾는 장소는 어디에 있는지 확인합니다. 그리고 화장실은 어디 있는지, 비상계단은 어디 있는지 살펴봅니다. 낯선 환경에서 불안해지면 심장이 두근거리고 어깨와 목이 뻣뻣해지는 느낌을 자주 받습니다. 그런 순간에 내가 어떤 곳에 있는지 살펴보면 긴장을 푸는 데 도움이 됩니다.

학회, 워크숍, 수련회, 합숙 훈련처럼 며칠 동안 진행되는 행사에 참석하면 가장 먼저 확인하는 게 무엇인가요? 제 경우 일정표를 가장 먼저 확인합니다. 몇 시에 어떤 프로그램이 시작하는지, 몇 시에 하루 일정이 끝나는지, 언제 휴식할 수 있는지, 3일 혹은 일주일이 어떻게 지나가게 되는지 일정표를 보면서 마음에 지도를 그립니다. 어떻게 진행되는지 알고 있다면 당황하지 않을 수 있고, 불안해하지 않을 수 있습니다.

이처럼 실제 건물의 지도를 보는 것, 일정이 어떻게 짜여 있는지 확인하는 것은 모두 우리를 안심하게 해줍니다. 트라우마 회복 과정도 마찬가지입니다. 트라우마 후유증을 앓고 있다가 치유의 길로 들어서려 할 때, 이 과정이 어떻게 흘러가는지 안다면 조금은 안심할 수 있을 겁니다. 당연히 사람마다 트라우마 경험이 다르고 때로는 같은 재난을 겪은 후에도 각각 다른 후유증을 겪지만, 공통되는 회복 과정을 알고 있으면 불안에 떨지 않고 회복의 길로 들어설 수 있습니다. 몸이 아파서 병원에 갔을 때 정확하게 진단을 받고, 그 질환의 원인이나 증상에 관해 설명을 듣고, 어떤 과정을 통해 치료되는지 설명을 듣는 것만으로도 막연한 두려움과 공포에서 벗어나는 것처럼 말입니다.

트라우마 생존자마다 치유의 속도와 시간은 다르지만 크게 세 단계를 걸쳐 회복된다는 공통점이 있습니다.[17] 치유 과정의 흐름은 현재에서 과거, 그리고 미래로 이어집니다.

생존자는 과거의 고통에서 벗어나기 위해, 마치 과거가 없었던 것처럼 꾹꾹 눌러 담으며 지내옵니다. 그러다가 견디지 못하는 어떤 지점에 트라우마 치료에 관해 떠올립니다. 고통의 원인이 과거에 있으니 과거로 바로 직행해서 문제를 샅샅이 찾아내고 얘기하면 괜찮으리라 생각할 수 있습니다. 그러나 먼저 다루어야 할 것은 '현재'입니다. 현재에 안전하게 지내고 있는지, 현재 내 삶에서 안정감을 느끼고 있는지 말입니다. 현재의 토대를 단단히 한 후에야, 과거 트라우마에 관한 치료를 할 수 있습니다. 현재 내 삶이 어느 정도 안정적으로 유지되고 일상 문제를 해결할 힘을 가지고 있어야, 비로소 과거를 떠올리고 탐색할 에너지가 생깁니다.

피트니스 센터에 등록한 첫날이라고 상상해보세요. 엄청 무거운 바벨을 들고 운동하는 모습을 상상할 수 있지만, 상상이 현실이 되기 위해서는 많은 시간과 연습이 필요합니다. 첫날은 스트레칭하고 트레드밀에서 천천히 걷고, 가벼운 덤벨로 근력운동 정도를 할 수 있습니다. 꽤 오랜 시간 연습하고 나면 몸에 근육이 생기고, 무거운 덤벨이나 바벨도 들 수 있게 됩니다. 마찬가지로 현재 자신이 딛고 있는 땅이 단단하다고 느껴져야 달리기도 할 수 있고 점프도 할 수 있습니다. 현재 삶이 흔들린다고 느껴지면 과거나 미래를 돌아보기 어렵습니다. 지금, 여기서 단단한 토대를 만드는 게 트라우마 치유 과정 중의 첫 번째 단계입니다.

이후 과거 트라우마를 기억하고, 그 기억을 다른 기억과 마찬가지로 내 삶의 일부로 통합하는 과정을 거칩니다. 통합한다는 의미는 뒤에서 자세히 다루겠지만, 그 기억을 덮어둔다거나 다른 기억과 뒤섞어서 없앤다는 의미는 아닙니다. 원치 않게 불쑥 튀어나와서 내 삶을 어지럽게 만들지 않도록 정리한다는 뜻입니다.

두 번째 단계가 끝나면, 마지막으로 미래를 계획하고 일상과 잘 연결시키는 단계로 들어갑니다. 그동안은 과거에

묶인 채 살아가느라 앞으로의 일에 관해 계획하기 어려웠을 겁니다. 그리고 살아남는 것, 즉 생존이 우선순위라서 일상을 살아간다는 느낌을 찾기 어려웠을 겁니다. 세 번째 단계에서는 생존이 아닌 일상으로, 삶으로 들어가는 감각을 찾습니다. 가지고 있는 에너지를 과거와 싸우느라 거의 다 써버렸다면, 치유를 통해 트라우마의 영향력과 후유증에서 벗어나며 에너지를 다시 비축합니다. 남은 에너지를, 내가 원하는 일상을 살아가고 미래를 계획하는 곳에 쓸 수 있도록 합니다.

"발바닥이 바닥에 닿는 느낌을 느껴보세요"

현재에 머무르기

*

'안전'이라는 말을 들으면 무엇이 떠오르나요? 조용한 장소, 아무도 없는 곳 혹은 가족이나 가까운 친구가 있는 곳, 내 방 침대 위에서 가만히 누워 있는 순간 등이 떠오를 수 있습니다. 혹은 안전이라는 말 자체가 낯설게 느껴지기도 하고, 좀처럼 안전하다는 느낌을 받지 못할 수도 있습니다. 실제 내 삶에서 안전하다는 느낌을 받기 어렵다면 영화나 TV 속에서 봤던 장면, (실제 혹은 상상의) 자연 풍경을 떠올리는 것도 도움이 될 수 있습니다.

트라우마를 경험하고 나면 자신의 신체 반응조차 두렵게 느껴지기도 합니다. 운동하다가 자연스럽게 심장 박동이 빨라지거나 손에서 땀이 나는 순간이 과거 트라우마를 겪었을 때의 느낌과 비슷해서 불안해집니다. 주변 환경이나 낯선 사람뿐만 아니라 내 몸의 반응도 시한폭탄처럼 나를 불안하게 만드는 요인이 됩니다. 트라우마 회복의 첫 번째 열쇠는 '안전'하다는 느낌을 회복하는 것입니다. 안전하다고 느껴지는 환경을 만들고, 안전하다고 느껴지는 사람과 만나고, 불안해하지 않고 자신의 신체 반응을 관찰할 수 있게 되는 것입니다.

베셀 반 데어 콜크는 자신에 대한 통찰력을 되찾으려면 트라우마와 다시 만나야 하며, 자신에게 벌어진 일과 직면하는 단계가 필요하다고 말합니다. 그러나 이 단계는 충분히 안전하다는 느낌이 들고 또다시 정신적 외상을 입지 않는 상태가 된 후에야 가능하므로, 트라우마 회복 과정에서 가장 먼저 해야 할 일은 과거의 일과 연관된 감각이나 감정에 휩싸이지 않는 대처법을 찾는 것이라 강조합니다.[18] 현재라는 시간 속에서 안전하다는 감각과 안정감을 찾으려면 어떻게 해야 할까요?

신체 감각을 관찰하고, 신체가 보내는 신호에 주의를 기울입니다. 과거 트라우마 혹은 현재 강렬한 스트레스로 마음이 고통스러울 때, 나를 해치지 않고 이 순간을 견뎌냅니다. 그리고 일상 문제에 대처할 역량을 기릅니다. 일상 문제라는 것은 과중한 업무를 어떻게 처리할지, 동료 간의 갈등을 어떻게 해결할지, 가족이나 친구들과의 관계를 어떻게 개선할지, 밀린 월세를 내기 위해 아르바이트를 해야 할지 고민하는 것 등 많은 문제가 포함됩니다.

고통스러운 기억과 감정의 늪에 빠져 있거나 우리 마음이 과거나 미래로 방황할 때, 현재를 알아차리는 것이 필요합니다. 다음에 나오는 내용을 읽고 지금, 여기로 돌아오는 방법을 하나씩 연습해봅시다.

연습

몸의 느낌과 친해지기

몸의 느낌과 친해진다는 건 어떤 의미일까요? 지금 이 문장을 읽는 순간, 몸에서 알아차려지는 느낌이 있나요? 어깨에 묵직한 통증, 심장이 약간 두근거리는 느낌, 허벅지에서 근육의 미세한 떨림, 등에서 식은땀이 나는 느낌 등이 있을 수 있습니다. 아마 편안한 느낌보다는 불편하거나 통증이 있을 때 몸의 감각을 알기 쉬울 겁니다. 이런 감각은 내가 만들어낸 것도 아니고, 내가 원치 않는다고 갑자기 사라지지도 않습니다. 머릿속으로 갑자기 뛰라는 신호를 보낸다고 해서 심장이 뛰는 것도 아닙니다. 즉, 내가 통제하기 어렵다는 말입니다.

우리가 할 수 있는 일은 몸의 느낌이 나타날 때 이를 알아차리고, 감각이 잦아들 때까지 기다리거나 조절하는 일입니다. 사고 이후에 자동차 경적만 들어도 등줄기에서 식은땀이 나고 척추를 중심으로 몸이 굳어지는 느낌이 반복해서 듭니다. 심지어 운전하고 있는 상황이 아니라 노트북을 앞에 두고 한참 일과 씨름하는 시간을 보내다가 등이 딱딱해지는 느낌을 알아차리면, 사고 당시처럼 불안해지기도 합니다. 과거 트라우마 당시의 신체 감각과 비슷한 감각이 현재 나타나기만 해도, 부지불식간에 과거 트라우마 상황으로 빨려들어 가게 됩니다.

스토킹 피해를 겪은 후에 심장이 빨리 뛰는 느낌이 끔찍하게 느껴진다고 말하는 내담자가 있었습니다. 자신이 사는 집 근처, 일하는 곳 근처, 동네의 자주 가는 장소에 갈 때마다 스토킹 가해자와 마주칠까 봐 심장이 터질 것 같은 느낌을 반복해서 겪었다고 합니다. 가해자를 신고하고 직접 마주치지 않은 지 시간이 꽤 흐른 후에도 불안감은 쉽게 줄어들지 않았고, 버스를 타려고 뛰어가는 상황에서 심장이 빨리 뛰거나 운동하다가 심장이 빨리 뛰는 순간에도 문득 과거 기억이 떠올라서 두려워진다고 합니다.

두려울 게 없는 일상 활동에서 느껴지는 자연스러운 몸의 감각이 트라우마 당시의 감각과 유사하다는 이유로, 우리는 또다시 헤어나오기 어려운 고통으로 빠지게 됩니다. 당연히 몸에서 아무것도 안 느껴졌으면 하는 생각을 하거나, 달리기나 운동처럼 심장을 두근거리게 만드는 일을 다 피하게 되기도 합니다. 그러나 앞서 얘기한 것처럼 신체 감각 자체를 피하거나 나타나지 않게 만들 수는 없습니다. 그 감각을 천천히 알아차리면서 현재로 돌아오는 게 우리가 할 수 있는 가장 좋은 방법입니다.

강렬한 감각이 들 때는 머리가 하얘지면서 연습하기 어려울 수 있습니다. 그러니 편안하게 느껴지는 상황에서 먼저 몸의 감각을 하나씩 알아차리는 연습을 해봅시다. 소파에 앉아 TV를 볼 때 심장이 어떻게 뛰고 있는지, 숨 쉬면서 가슴이나 배는 어떻게 움직이는지 살펴봅시다. 자려고 누웠을 때 등에는 어떤 느낌이 나타나는지, 숨은 어떻게 쉬고 있는지, 앉거나 일어서면서 자세가 바뀔 때 근육의 느낌은 어떤지, 체온은 어떻게 변하는지 알아차려 봅시다. 몸의 느낌 하나하나에 익숙해지고 친숙해집니다.

때로는 몸의 감각을 알아차리는 연습이 힘들 때가 있습

니다. 어떤 분들은 호흡에 집중하는 연습이 숨을 가쁘게 만들거나 숨을 자꾸 멈추게 되어서 두렵다고 말합니다. 그럴 땐 몸의 느낌에서 빠져나와 오감으로 주의를 옮깁니다. 지금 눈에 보이는 것, 들리는 소리, 피부에 닿는 촉감이나 손으로 뭔가를 만졌을 때 느껴지는 느낌, 숨 쉴 때 코로 들어오는 냄새, 음식물을 씹거나 마시면서 알아차려지는 맛에 집중합니다. 마음이 과거와 미래로 배회할 때 오감에 주의를 두는 연습은 우리를 지금, 여기로 돌아오도록 도와줍니다. 지금 내가 어디에 있는지, 지금 내가 무엇을 하고 있는지, 지금 내가 무엇을 감각하고 있는지 환기시켜 줍니다.

오감을 알아차리는 연습이 익숙해졌다면, 몸의 느낌과 친해지기 연습을 다시 시도해볼까요? 편안하게 느껴지는 감각부터 천천히 시작해서 조금 불편하거나 두려운 감각으로 연습을 확장해봅니다. 몸의 감각이 어떻게 변해가는지, 감각의 강도가 커지는지 혹은 작아지는지도 살펴봅니다. 만약, 통증이 느껴진다면 빨리 없애려고 애쓰지 말고 천천히 감각의 변화를 관찰해봅시다. 불편한 감각이 느껴질 때 부정적인 생각의 기름을 부어서 감각이 더 강해지게 만들지 않도록 하는 게 중요합니다.

예를 들어, 어느 정도 이완된 상태로 운전하다가 갑자기 주변에서 차가 끼익하고 서는 소리, 경적, 사이렌 등이 들리면 어깨가 경직됩니다. 등에서부터 어깨가 위로 솟아나는 강렬한 감각이 들면, 3년 전 사고 상황이 떠오릅니다. 심장이 미친 듯이 뛰고 팔에 경련이 날 것 같은 느낌이 들면서 사고가 날지도 모른다는 생각을 계속해서 합니다. 생각이 꼬리에 꼬리를 물고 이어져 '난 역시 운전이 어려워', '운전하기에는 내가 너무 모르는 게 많아', '아직 너무 미숙해', '바보 같아서 운전을 못 해', '또 사고 나면 이번엔 어떻게 해야 하지?', '두 번 사고 나면 다시는 운전 못 할 텐데' 같은 생각이 불안감에 기름을 붓습니다. 화로에 땔감을 계속 넣듯이 생각의 땔감 때문에 불안감이 훨훨 타는 불처럼 커집니다. 불안감이 커지면 또다시 심장이 터질 것 같은 느낌, 온몸이 경직되는 느낌이 더 강렬해지고, 몸의 느낌 때문에 다시 두려워집니다.

'원치 않지만 이런 생각이 지나가고 있다', '두려운 생각이 꼬리에 꼬리를 문다'라는 생각을 하고 있다는 사실을 알아차립니다. 자각하지 못하면 조절할 수 없습니다. 생각의 꼬리에서 벗어나 몸의 다른 감각, 특히 두렵지 않게 느껴지는 감각이나 오감에 주의를 두는 게 나를 위해서 필요한 일입니다. 감각을 알아차림으로써 '지금 여기'와 트라우마 사건이 발생한 '그때 거기'를 변별할 수 있게 됩니다.

연습

안전한 환경 만들기,
그리고 안전한 사람과 함께하기

현재까지 트라우마를 겪고 있는 생존자라면 물리적인 안전이 가장 중요할 것입니다. 특히, 폭력적인 가족이나 파트너와 살고 있다면 가해자와 분리하는 게 회복의 첫 번째 과정일 수 있습니다. 다만, 이 과정은 온전히 생존자의 속도와 선택에 따라 달라져야 합니다. 폭력적인 부모와 함께 살고 있는데 경제적인 문제로 당장 독립할 수 없을 때, 상담자나 주변 사람들이 생존자에게 당장 그 집에서 나오도록 종용할 수는 없습니다. 당연히 집에서 나오는 게 중요한 과제이지만 생존자가 할 수 있는 범위 내에서 안전을 지키도록 도와주어야 합니다.

트라우마 환경에서 지낼 수밖에 없는 생존자들은 현재

상황에서 자신의 안전을 지키는 방법을 마련해야 합니다. 어떤 준비가 되면 독립할 수 있을지, 혹은 위급 상황에서 누구에게 전화해서 도움을 받을지, 임시 거처가 있는지 등을 고민하고 준비해야 합니다.

아버지가 가족들에게 가하는 폭력 때문에 병원에 입원하게 된 내담자가 있었습니다. 한번 화가 나면 걷잡을 수 없던 아버지의 폭력 피해 대상은 어머니가 되기도 하고 동생이나 내담자가 되기도 했습니다. 친척과도 연락이 끊어진 상태에서 도움받을 곳이 없었다고 합니다. 성인이 된 이후에 내담자는 아르바이트로 마련한 돈과 어머니의 지원을 받아 동생과 둘이서 독립했습니다. 경제적으로 안정되고 나서 어머니도 함께 살게 되었습니다. 이후에는 어머니의 이혼 소송에 적극적으로 동참하였고, 법적 도움을 받아 아버지의 폭력에서 벗어나게 되었습니다. 내담자는 긴 시간 동안 안전한 환경을 마련하기 위해 고통 속에서 고군분투해왔습니다. 아버지로부터 완전히 분리된 후 자기 마음을 살펴봐야겠다는 생각에 상담을 찾은 내담자를 만나면서, 내담자가 가지고 있는 엄청난 용기와 힘을 보았고 이미 회복의 길에 들어서 있다고 생각했습니다.

혼자 사는 집에서 지인에게 성폭력 피해를 겪은 후 불안해서 집에 들어가지 못하는 내담자가 있었습니다. 사건 직후에는 친구 집에서 생활하기로 했습니다. 살고 있던 집은 계약 기간이 남아 있어서 당장 이사 갈 수 없었습니다. 집으로 돌아온 내담자가 할 수 있는 일은 당분간 친구들에게 일주일씩 자신과 함께 지내달라고 부탁하는 것, 반려동물과 함께하는 시간을 늘리는 것이었습니다. 외부의 가해자 때문에 안전한 자신만의 공간이 침범받은 상태에서 다시 안전을 회복하는 건 어려운 일입니다. 그리고 당장 이사 가야 트라우마에서 벗어날 수 있다거나, 두려움을 무조건 극복하고 살던 곳에 살아야만 진짜 트라우마에서 회복된다 등의 말은 도움이 되지 않습니다. 트라우마 사건 후에 집에 머물고 싶은지 혹은 다른 공간에 머물고 싶은지, 누군가와 함께 지내고 싶은지 혹은 혼자 있고 싶은지 등 생존자 스스로 선택하는 게 가장 중요한 회복의 길입니다. 삶에서 주도권을 다시 찾고, 자신이 결정하는 것이 살아갈 힘을 회복시켜줍니다.

안전한 환경을 마련한다는 것은 물리적으로 가해자와

분리되는 것뿐만 아니라 심리적인 안정과 경제적인 안정 모두를 말합니다. 여기엔 누구와 함께 생활할지, 누구와 연락을 주고받으며 지낼지, 누구에게 도움을 요청할지, 누구와 계속해서 관계를 유지하고 누구와 거리를 두거나 단절하는 게 좋을지 등의 선택이 포함됩니다. 대인관계에서 트라우마를 경험한 사람들은 사람에 대한 두려움과 불신 때문에 관계를 단절하거나 피하고 고립되기 쉽습니다. 혹은 극심한 두려움 때문에 다른 사람에게 절대적으로 의존하게 되기도 합니다. 반복적으로 대인관계 트라우마를 겪은 생존자에게 안전하고 믿을 만한 관계를 만드는 것은 회복의 중요한 기반입니다. 가족, 친척, 가까운 친구가 생존자에게 안전망을 제공하는 관계가 될 수 있습니다. 트라우마 후유증으로 완전히 고립된 상태에서는 상담가나 정신건강의학과 의사가 그 역할을 할 수도 있습니다. 또한, 경제적인 안정은 심리적인 안정에 중요한 역할을 합니다. 아르바이트하면서 일정한 수입을 가지는 것, 구직활동을 하는 것, 현재 수입과 지출 현황을 파악하고 재정 계획을 세우는 것 등이 안전한 환경을 마련하기 위해 필수적인 요소입니다.

가정폭력상담소 쉼터에서 생활하다가 상담을 받으러 온 내담자가 있었습니다. 오랜 기간 파트너의 폭력으로 심신에 고통을 받아왔다고 했습니다. 다행히 지인을 통해 쉼터를 알게 되고, 활동가의 도움을 받을 수 있었습니다. 일 년 동안 쉼터에서 생활하면서 불안해하지 않고 잠들고, 식사를 챙기고, 사람들과 대화하는 등 일상을 조금씩 회복할 수 있었습니다. 내담자는 쉼터에서 지내며 다시 일자리를 구했고, 이후에는 독립해서 안전한 터전을 마련했다고 했습니다. 오랫동안 무력하게 지낼 수밖에 없는 상황에서 여러 사람의 도움을 받아 일상을 회복하였고, 꾸준히 경제 활동을 하며 스스로 독립적이고 강한 사람이라고 느낄 수 있었다는 말을 전했습니다.

우리가 살아가고 있는 이 순간이 바로 현재입니다. 지금 의자에 앉아서 혹은 서서 책을 보고 있다면, 발바닥이 바닥에 닿는 느낌을 느껴보세요. 만약 누워서 책을 보고 있다면 등, 엉덩이, 허벅지 뒷면이 바닥과 닿는 느낌을 느껴보세요. 바닥이 나를 잘 지탱하고 있나요? 흔들리지 않고 단단하게 잘 버티고 있나요? 바닥이 나를 잘 지지해주는 느낌, 의자가 나를 잘 받쳐주는 느낌을 느껴봅시다. 과거라는 블

랙홀로 빠지지 않고 현재에 한 발 한 발 디디며 살아갈 수 있도록, 지금 여기서 트라우마 치유를 시작해봅시다.

“기억의 서랍을 정리하기”

과거와 마주하기

*

‘자라 보고 놀란 가슴 솥뚜껑 보고 놀란다’라는 우리말 속담을 들어본 적 있을 겁니다. 어떤 사물에 몹시 놀란 사람은 비슷한 사물만 보아도 겁을 낸다는 말입니다. 트라우마 생존자는 솥뚜껑(트라우마 상황을 떠올리게 만드는 자극)을 보고 빛의 속도로 자라(과거 트라우마)를 떠올리며 자라와 마주했던 순간으로 빨려들어 갑니다. 트라우마 당시와 유사한 상황, 가해자와 비슷한(비슷해 보이는) 사람, 당시에 느꼈던 강렬한 감정이나 신체 감각과 마주할 때, 우리는 또다시 과거와 현재를 헷갈리게 됩니다.

앞서 현재에 머무르는 단계에 대해 살펴보았는데, 궁극적으로 트라우마로부터 자유로워지기 위해서는 과거와 마주하는 단계가 필요합니다. 트라우마 기억에 관해 말하거나 생각하는 것을 피하는 것만으로는 트라우마 후유증을 줄일 수 없습니다. 그러나 트라우마 경험을 서둘러 쏟아낸다고 해서 고통에서 벗어날 수는 없습니다. 오히려 다시 트라우마를 겪는 것처럼 느낄 수도 있기 때문입니다.

어린 시절에 겪은 성폭력 피해로 장기간 후유증에 시달리던 내담자는 트라우마 기억에서 벗어나려고 고군분투하다가 상담소를 찾아왔습니다. 심리치료와 트라우마에 관한 책을 읽고 강의를 들으면서 예전보다는 나아졌지만, 회복에 한계가 있는 것 같다고 했습니다. 상담 초반에 내담자는 숨이 찰 만큼 빠르게 어린 시절 이야기를 쏟아냈습니다. 때로는 아무 감정이 안 느껴지는 것처럼 말하기도 하고, 어떤 순간에는 각성이 심한 상태에서 말하기도 했습니다. 너무 생생하고 구체적으로 이야기해서 다시 트라우마를 경험하게 될까 봐 걱정되어 조심스럽게 말을 멈추도록 했습니다. 트라우마 치유 과정이 어떻게 되는지 설명하고, 현재에서 안정감을 찾은 이후에 과거와 마주하는 게 필요하다고 전했습니다. 내담자는 트라우마 경험을 자세하게 빨리 털어버리면, 트라우마를 뿌리 뽑고 고통에서 벗어날 수 있을 줄 알았다고 말했습니다.

트라우마 치유를 하며 '지금, 여기'라는 시공간 안에서 안전하다는 느낌, 즉 삶이 어느 정도 안정되었다는 느낌이 들면 과거와 마주할 단계에 도래했다는 뜻입니다. 트라우마 회복의 두 번째 단계는 과거와 천천히 마주하며 트라우마 기억을 '처리'하고, 삶의 경험 일부로 '통합'하는 과정입니다. 즉, 갈기갈기 찢겨 흩뿌려져 있는 기억의 조각을 모아서 삶의 일부로 통합하는 과정이 과거와 마주하는 단계에서 우리가 해야 할 일입니다.

회복 과정은 게임에서 정해진 퀘스트(quest: 게임을 원활하게 진행하기 위해 이용자가 수행해야 하는 임무 또는 행동)를 끝내고 다음 단계로 넘어가는 것과는 다릅니다. 이는 연속적인 과정으로서 첫 번째 단계에서 만든 안전한 환경이나 안전한 관계를 밑바탕으로 하여, 과거와 마주하는 과정을 천천히 진행해나가는 일입니다. 과거와 만나는 단계에서 중요한 것은, 과거의 일을 조사하듯 무슨 일이 일어났는지 정확하게 파악하거나 파헤치는 게 아닙니다. 트라우마 기억이 떠올랐을 때, 부정적인 감정과 생각, 신체 감각에 압도된 채로 과거로 끌려가지 않고 현재 시점에서 이를 조절하는 힘을 기르는 것입니다. 경찰이 사건을 조사하듯이 사실관계를 확인하는 게 아니라 과거 트라우마 사건이 현재 자신에게 어떻게 영향을 미치고 있는지를 살펴보는 데 초점을 둡니다.

앞서 언급한 기억 '처리'라는 단어를 보면 무엇이 떠오르나요? 물건을 치우는 것처럼 기억도 치워버릴 수 있으면 좋겠다, 혹은 영화 〈이터널 선샤인〉에서 주인공이 헤어진 연인과의 기억을 지우고 싶어서 기억을 지워주는 곳에 찾아가는 상황처럼 실제 지울 수 있으면 좋겠다, 그런 생각이 들 수도 있습니다.

우리가 경험한 일은 기억이라는 형태로 뇌에 저장됩니다. 뇌에 저장된다는 말은, 데이터가 컴퓨터 메모리에 저장되어서 폴더를 찾아 열면 확인할 수 있는 개념이 아닙니다. 기억은 신경세포인 뉴런과 뉴런 사이 시냅스의 연결을 통해 뇌 전체에 걸쳐 흔적을 남깁니다. 예를 들어, 동네에 새로 생긴 카페에 다녀온 기억은 뇌세포에 들어 있는 수많은 시냅스의 연결을 거쳐 뇌 전체에 나뉘어 저장됩니다.[19] 일반적인 경험은 그 순간의 감정, 생각, 감각 등이 하나로 연결되어 저장됩니다. 즉, 시작과 끝이 있는 하나의 이야기로 이루어진 '자서전적 기억'이 됩니다. 다만, 모든 경험이 저장되지는 않습니다. 매일 비슷한 시간에 일어나서 학교나 회사에 가는 날, 매일 비슷한 업무를 반복하며 루틴대로 행동하는 일상적인 일은 대부분 잊힙니다. 오랜만에 친구를 만나서 영화를 본 날, 오랫동안 보지 못했던 친구와 통화한 날, 새로운 친구가 전학 온 날은 일상적인 일보다는 오래 기억할 수 있습니다.

중요한 것은 트라우마 경험은 위에서 말한 일반 경험과는 다르게 뇌에 저장된다는 점입니다. 예를 들어, 우리는 음식을 급하게 먹거나 소화가 잘 안 되는 음식을 먹으면 토합니다. 몸 안에서 음식물을 흡수하지 못한 채 다시 게워내는 것처럼, 뇌에서 처리하고 저장할 수 있는 정보가 아닐 때는 정리되지 않은 채로 흩어져서 뇌 전체에 흔적이 남게 됩니다. 충격적인 사건을 경험할 때 뇌는 이미지, 감정, 신체 감각, 냄새, 소리 같은 정보에 압도당하고 이는 즉각적으로 스트레스를 유발합니다. 스트레스는 기억을 분류하고 정리하는 뇌의 '해마'라는 부분에 손상을 가하고 해마와

편도체 사이의 연결에 혼란을 일으켜서 정상적인 정보 처리를 방해합니다.[20]

트라우마 기억은 일반 기억과 어떤 부분이 다를까요? 트라우마 기억은 하나의 이야기 형태로 요약되지 않습니다. 지난주에 있었던 일 중에서 가장 즐거웠던 경험을 떠올려 보세요. 그 경험을 친구에게 이야기해준다고 상상해보세요. 전화나 메신저로 전해도 좋고, 직접 만나 말해도 좋습니다. 친구가 앞에 앉아 있다고 상상하고 이야기를 들려주어도 좋습니다. 반면, 트라우마 기억은 정리가 안 된 상태입니다. 어떤 부분은 매우 구체적으로 기억하지만, 사건의 순서나 세부 사항은 기억하지 못해서 구멍이 난 것처럼 느껴질 때가 있습니다. 소화할 수 없는 음식을 먹은 것처럼 트라우마 사건이 발생할 당시 많은 정보가 연결되지 못한 채 저장되기 때문입니다.

평범한 일상은 쉽게 잊힙니다. 즐거웠던 경험이나 중요한 경험도 평범한 일상보다는 오래 기억되지만, 시간이 흐르면 대부분 흐릿해집니다. 반면, 트라우마 기억은 일반적인 기억과 달리 잘 변하지 않습니다. 당시의 생생한 이미지, 심장이 터질 것 같은 감각, 누군가 소리치는 목소리, 두려움과 공포가 폭발할 것 같은 느낌 등의 기억 조각이 오랜 시간이 지났음에도 생생하게 남아 있습니다.[21] 머릿속에 녹음기를 틀어 놓은 것처럼 특정한 감각이나 장면이 반복 재생되는 겁니다.

부모와 형제자매와 함께 살았지만 마치 보육원에서 산 것처럼 느껴진다는 내담자가 있었습니다. 양육자의 보살핌이나 보호가 거의 없는 상황에서 방치되어 자랐고 성인이 되어 집을 떠난 후부터 혼자 지냈다고 했습니다. 두 번째 상담 시간에 내담자는 어렵게 말을 꺼냈습니다. "선생님이 하는 말에 바로 답하기가 어려워요. 이유를 생각해봤는데…. 과거 이야기는 녹음기를 틀어놓은 것처럼 잘 말할 수 있는데 현재 나에게 어떤 일이 일어나는지, 무엇을 느끼는지 물어보면 답하기가 너무 힘들어요." 항상 옛날 생각을 하는 것 같고, 옛날(옛날이라는 시간 속)에 사는 것 같고, 옛날에 무슨 일이 있었는지는 하나도 빠짐없이 줄줄 말할 수 있을 것 같다는 내담자는 현실 세계와 멀어져 있는 것처럼 보였습니다.

트라우마 기억은 원치 않는데도 자꾸 떠오르며 생생하

게 재현됩니다. 재현된다는 것은 기억난다는 것과 다릅니다. 예를 들어, 어릴 때 놀이동산에 가서 처음으로 솜사탕을 먹고 행복했던 기억, 핸드폰을 잃어버려서 당황했던 기억, 공포영화를 보면서 무서웠던 기억은 지금도 생각이 잘 나지만 마치 지금 일어나는 것처럼 재현되지는 않습니다. 현재라는 시간에 서서 과거의 사건을 떠올리는 겁니다. 때로는 생생하게, 때로는 흐릿하게. 반면, 트라우마 사건은 원치 않는데도 불쑥 머릿속에 떠오르며, 그 순간 사건과 관련된 강렬한 신체 감각, 감정, 이미지, 냄새, 소리가 마치 지금 일어나는 일처럼 재현됩니다.[22] 그래서 과거에 있었던 일이 현재에도 진행되는 것처럼 느끼며 공포와 무력감이 동시에 찾아옵니다.

과거와 마주하는 단계에서는 이런 트라우마 기억을 일반 기억과 유사한 방식으로 정리하고 처리하는 게 목표입니다. 이 과정을 트라우마 심리치료에서는 '트라우마 기억 처리'라고 부르고, 지속노출치료PE: Prolonged Exposure Therapy, 안구 운동 민감소실 및 재처리 요법EMDR: Eye Movement Desensitization and Reprocessing, 내러티브 노출치료NET: Narrative Exposure Therapy와 같은 검증된 치료법[23]을 통해 도움을 받을 수 있습니다*. 경험이 뇌 속에 기억의 형태로 저장되는 과정은 물건을 서랍에 정리하는 것과는 다르지만 쉽게 서랍을 비유로 들어보겠습니다.

차곡차곡 정리된 서랍처럼 우리의 기억 대부분은 잘 정리되어 저장되어 있습니다. 친구들과 처음으로 바닷가 여행을 간 기억, 새해 첫날 일출을 본 기억, 놀이동산에서 롤러코스터를 타고 무서웠던 기억, 동생과 같은 옷을 입으려고 다투었던 기억 등. 기분 좋은 경험과 불쾌한 경험 모두 서랍에 잘 정리되어 있습니다. 그런데 이런 서랍과는 달리 라벨이 없거나 흐릿해져서 무엇이 들어 있는지 모르는 서랍, 혹은 내용물이 넘쳐서 문이 닫히지 않는 서랍이 있을지도 모릅니다. 그게 트라우마 기억이라고 볼 수 있습니다. 트라우마 당시의 소리만, 눈에 보이는 장면만, 강렬한 감정만, 몸에서 느껴지는 두려운 감각만 조각 난 채로 서랍에 담겨 있기도 합니다. 내가 열지도 않았는데 서랍이 갑자기 쏟아지면 눈앞에 과거 트라우마가 생생하게 펼쳐지는 것

* 관련 서적을 읽거나 트라우마 기억 처리 치료를 받기를 원하면 전문가와 상의하시길 바랍니다. 많은 생존자가 혼자 과거와 마주하려다가 오히려 다시 트라우마 경험에 빠지는 경우가 있습니다. 여러분의 안전을 먼저 지키세요.

처럼 느껴지기도 합니다. 정리되지 않은 형태로, 뒤죽박죽으로 섞여서, 라벨도 제대로 붙어 있지 않으니 어떤 상황에서 쏟아져 내릴지 몰라 너무나 두렵게 느껴집니다. 정리 안 된 서랍을 하나씩 열어 하나의 이야기로 만들고 정리하는 과정이 두 번째 단계에서 우리가 할 일입니다. 따로 떨어진 트라우마 기억의 조각을 계속 이어지는 삶의 이야기로 통합하면서 뇌가 (트라우마가 발생했던) '그때 거기'와 '지금 여기'를 구분할 수 있도록 하는 겁니다.[24] 중요한 것은 과거와 마주할지 말지, 마주한다면 지금 이 시점에서 마주할지를 선택하는 것 역시 생존자에게 달려 있다는 겁니다. 빨리 털어놓아야 기억이 없어지는 것도 아니고, 피하고 서랍에 내용물을 꾹꾹 눌러 담아 단단하게 닫는다고 해서 없어지는 것도 아닙니다.

요약하면, 트라우마 회복의 두 번째 단계는 과거를 과거에 두는 과정입니다. 영어 문법 시간에 과거완료, 현재진행형과 같은 시제를 배웠습니다. 트라우마가 현재진행형처럼 현재도 내 삶에 벌어지고 있는 것처럼 느껴진다면, 우리는 궁극적으로 과거완료를 추구합니다. 즉 과거에 끝난 사건으로 둔 채 현재로 돌아오는 겁니다. 과거를 과거에 둠으로써 원치 않거나 조절할 수 없는 기억을 피하는 대신, 자신의 기억을 떠올리는 걸 스스로 선택할 수 있게 됩니다.

“끌려가는 삶이 아니라 내가 원하는 삶으로”

미래를 바라보기

*

현재에서 안정감을 회복한 생존자는 현재라는 시공간에서 과거를 마주할 수 있게 됩니다. 과거로 빨려들어 가지 않고, 흩어진 트라우마 기억을 모을 수 있게 된 생존자는 비로소 미래를 바라보는 단계에 서게 됩니다. 트라우마 이후의 삶이 ‘살아남는’ 데 급급했다면 회복의 과정을 지나 ‘살아가는’ 데 초점을 두게 됩니다. 트라우마 생존자는 과거에 발목이 잡힌 채 심리적인 고통과 신체적인 고통을 줄이는 데 시간을 써왔습니다. 살아남는 게 삶의 최우선 과제였다면 어떻게 삶을 살아가고 싶은지를 목표에 두는 건 어려운 일입니다.

모래주머니를 양 발목에 차고 달려본 적 있나요? 초등학교 5학년 때, 운동회를 앞두고 양 발목에 모래주머니를 차고 달리기 연습을 했습니다. 발목에 묵직한 느낌이 생생했고, 몸이 앞으로 잘 나가지 않고 매일 달리던 운동장이 길게만 느껴졌습니다. 며칠이 지나 발목에 찬 모래주머니를 떼고 운동장을 달리게 되었습니다. 갑자기 몸이 가벼워지고 날아갈 것 같은 느낌이 들었습니다. 현재에서 과거를 바라볼 수 있게 되면, 이렇듯 모래주머니를 떼고 가볍게 달릴 준비가 된 것이라 생각합니다. 과거와 마주하면서도 과거의 소용돌이에 끌려가지 않고, 이제 미래를 바라볼 수 있는 여유가 조금은 생겨납니다.

살아남는 것과 살아가는 것은 내 삶의 주도권을 누가 가졌는지를 의미합니다. 다른 사람이나 외부 환경이 내 삶을 통제하는지, 내가 내 삶을 통제하는지를 말합니다. 우리는 다른 사람과 함께 살아가기에 당연히 타인과 외부 환경에 의해 영향을 받기도 하고, 생활 전반에 변화를 맞기도 합니다. 그러나 주도권과 통제권이 어디에 있는지에 따라, 우리는 살아남는 데 초점이 있는지 혹은 살아가는 데 초점이 있는지 알 수 있습니다. 누구와 관계를 계속 이어나갈지, 누구와 새롭게 관계를 만들어나갈지, 혹은 어떤 일을 시작하고 싶은지, 어떤 공부나 일을 좋아하는지 등을 떠올리며 삶을 계획해 나갑니다.

직장 내에서 성폭력 피해를 입은 내담자는 흩어져 있던 트라우마 기억을 정리하고 과거를 마주하는 단계를 지나 미래를 바라보는 단계에 이르렀습니다. 상담을 마무리하는 단계에서 긴 시간을 회상하며 '이전에는 쓰레기 더미 위에 판자를 올려두고 사는 것 같았는데, 지금은 쓰레기와 판자를 어느 정도 치우게 된 것 같다'라고 말합니다. 쓰레기를 집 밖으로 완전히 내보내는 것만이 목표라고 생각했지만, 완벽하게 정리하거나 버리는 상태는 불가능하다는 것도 수용하기로 합니다. 내담자는 쓰레기같이 느껴지는 과거 기억을 머릿속에서 완전히 내몰아내는 것만이 일상으로 돌아올 방법인 줄 알았지만, 이제는 한쪽으로 치울 수도 있고 엉망이 된 채로 두지는 않을 수 있게 되었다고 표현합니다.

미래를 바라보는 단계에서는 어떻게 삶을 살아갈지 고민하고 계획하는 과정이 포함됩니다. 외부의 힘에 끌려가는 삶이 아니라 내가 원하는 일과 관계로 삶을 확장해가며 적극적으로 참여하는 것입니다. 다른 사람이 계획한 삶에 들어가는 게 아니라 내가 원하는 삶의 모습으로 들어가는 겁니다. 크게 두 가지 영역에서 그림을 그리는 연습을 해봅시다. 첫 번째는 일과 공부, 두 번째는 관계와 공동체입니다.

연습

성취감 맛보기

책 읽기를 잠깐 멈추고, 아래 목록을 참고하여 현재 일과 공부에 관한 목표가 있는지 떠올려보세요. 책이나 노트에 써도 좋고, 핸드폰 메모장에 기록해도 좋고, 쓰는 게 힘들면 머릿속으로 떠올려봐도 좋습니다. 막연하게 느껴질 수도 있지만 지금, 여기에서 지나가는 생각을 붙잡아 기록해보세요.

- 좋아하는 일을 하면서 돈 벌기
- 지금 하는 일에서 나에게 인정받고 동료에게 인정받기
- 지금 하는 일에서 새로운 아이디어를 떠올리기
- 지금 하는 일을 즐기기

- 원하는 일을 시작하기 위해 준비하기
- 나를 성장시키는 일을 찾고, 그 일에 도전하기
- 새로운 일이나 공부 시도해보기
- 안정적인 수입을 얻기

아버지의 신체 폭력을 피해 동생과 집을 나온 내담자는 빨리 돈을 벌어서 경제적으로 독립하는 게 가장 중요한 목표였다고 했습니다. 5년 넘게 직장생활을 하면서 안정적으로 수입을 얻고, 회사에서 인정을 받으며 삶이 땅에 착륙한 기분이 들었다고 했습니다. 퇴사한 이후에는 예전부터 하고 싶었던 일을 위해서 학원에 다니게 되었다고 합니다. 좋아하는 일로 이전만큼 돈을 벌 수 있을지, 이전만큼 잘할 수 있을지 두려울 때가 많지만 그런 고민을 하는 것 자체가 자신이 변화된 점이라고 합니다. 오랜 시간 죽지 않고 살아남으려고 안간힘을 썼는데, 살아가고 싶은 마음이 드는 게 신기하다고 합니다. 그리고 미래에 대해 걱정하다가 문득, '걱정하더라도 과거가 아니라 미래에 대해 생각하는 것 자체가 변했구나'라고 담담히 말합니다.

현재 어떤 일이나 공부를 하고 있는지, 앞으로는 어떤

일이나 공부를 하고 싶은지 떠올려 볼 수도 있습니다. 지금 하는 것과는 완전히 다른 일을 목표로 삼을 수도 있습니다. 내가 좋아하는 일과 잘하는 일의 목록을 적어보는 것도 목표를 정하는 데 도움이 됩니다. 목표를 세우라는 말 자체가 부담스럽게 느껴진다면, 목록을 천천히 읽어보는 것부터 시작해보세요. 새로운 일을 시작할 준비가 되어 있지 않다면, 하고 싶은 일과 준비 과정을 최대한 구체적으로 작성하는 것부터 할 수 있습니다.

연습

연결감 회복하기

많은 사람이 일과 관계의 균형을 강조합니다. 일에 집중하며 뭔가를 성취해내는 것만큼, 사람들과 관계를 맺으며 연결되어 살아가는 게 중요합니다. 미래를 바라보는 단계에서는 현재 관계를 탄탄하게 유지하거나 새로운 관계를 만들며 연결감을 회복하는 것에 초점을 둡니다.

- 좋아하는 사람들과 시간 보내기
- 자신에게 중요한 신념과 가치관을 공유할 수 있는 사람들과 만나기
- 자신에게 중요한 신념과 가치관을 공유할 수 있는 공동체 만들기

- 친한 친구를 만들고 관계 유지하기
- 관계에서 (자신이 원하는 정도의) 적절한 거리두기
- (소중하지만 소홀해진) 오래된 관계 회복하기
- 새로운 관계 만들기
- 해로운 관계 단절하기
- 사랑과 관심을 주고, 사랑과 관심을 받기

목표 중에서 현재 자신에게 가장 필요한 것에 표시합니다. 그리고 그 목표를 위해 지금 할 수 있는 일을 떠올려보세요. 그리고 그중 가장 쉬워 보이는 한 가지를 오늘 안에 시작해보세요. 관계를 유지하거나 회복할 때 가장 중요한 것은, 내가 원하는 것을 정확하게 파악하는 겁니다. 나의 심리적 거리 안에서 누구와 가장 가깝게 존재할지, 누구와 어느 정도의 거리를 유지할지, '직접' 선택하고 결정합니다.

사랑하는 사람이 병이나 사고, 자살로 갑작스럽게 세상을 떠난 사별자들을 만날 때가 있습니다. 그리움과 슬픔 때문에 오랜 시간 혼자 지내기도 하고, 고인에 대한 복합적인 감정 때문에 괴로움이 점점 커지기도 합니다. 친구가 자살로 세상을 떠난 후에 함께 어울렸던 친구들과도 멀어지게 되었다고 말하는 내담자가 있었습니다. 자신이 원하는 게 무엇인지 천천히 살펴보도록 하니, 친구들을 만나 그 친구가 보고 싶다는 말도 솔직하게 하고, 함께했던 추억들도 떠올리면서 그 친구를 기억하고 싶다고 했습니다. 다른 친구들은 그 친구에 관해 그만 얘기하고 싶어 할까 봐, 혹은 벌써 잊어버린 걸까 봐 두려워서 피해왔다는 것도 알게 되었습니다. 사별은 물리적으로는 관계에서 단절을 의미합니다. 그러나 애도하고 그리워하는 마음을 통해 새로운 방식으로 관계를 이어갈 수도 있습니다. 고인을 그리워하는 사람들과 어떤 방식으로 애도할지 나누며 다시 연결을 회복할 수도 있습니다.

나의 욕구와 타인의 욕구를 함께 이해하는 것, 혼자 있고 싶은 마음과 누군가와 함께 있고 싶은 마음 모두를 인정하는 것, 어떤 것은 다른 사람들과 나누면서도 어떤 것은 혼자 간직하고 싶은 마음을 받아들이는 것. 균형을 통해 우리는 관계 속으로 한 발짝 들어갑니다. 때로는 너무 좋은 관계를 유지하려고 애쓰다가 소진되기도 하고, 내 욕구만 중요하게 여겨서 좋은 관계를 잃게 되기도 합니다. 주변 사람들의 얼굴 하나하나를 떠올리면서, 중요한 가치를 생각하면서, 현재 나에게 중요한 관계와 공동체의 목표를 적어 봅시다.

"삶으로 한 발짝씩"

현재, 과거, 그리고 미래

*

"처음에는 억울함만 가득했는데, 이제는 상대방의 말을 최대한 오해하지 않고 들을 수 있게 된 것 같아요. 가족들과 대화할 때마다 심장이 뜨거워지고 부정적인 감정이 나를 집어삼키는 것 같았는데, 이제는 왜 그런 감정을 느끼게 되었는지 보이는 것 같아요."

"너무 화가 나거나 기분이 나쁠 때는 끝까지 설명하려고 하지 않고 일단은 피하는 게 더 좋은 방법인 것 같아요. 주변 사람들과 대화할 때 무조건 잘못했다고 하거나 갑자기 화를 내는 게 줄었어요. 내가 뭘 원하는지 천천히 생각해 보게 된 것 같아요."

생존자의 목소리에는 힘이 실려 있고 내뱉는 말에서 확신이 느껴집니다. 트라우마 이후 삶이 조각나서 회복 불가능하다고 느꼈던 많은 순간에서 벗어나, 새롭게 조각을 맞추며 현재와 미래로 나아가고 있습니다.

운전이 조금씩 익숙해지고 내비게이션 앱의 안내 목소리에도 익숙해지고 있습니다. 때로는 내비게이션이 안내해주는 대로 가지 못하고 다른 길로 진입하더라도 예전만큼 당황하지는 않습니다. 잘못 들어간 길에서부터 목적지까지 다시 안내해준다는 목소리를 들으면 이내 안심하고 운전에 집중할 수 있습니다. 그리고 목적지까지 이어지는 지도를 보면서 내가 어디 즈음에 와 있는지, 남은 시간이 어느 정도인지 볼 수 있습니다. 트라우마 회복 과정도 비슷합니다. 현재와 과거, 그리고 미래로 이어지는 회복의 지도를 보면서 자신이 어디에 있는지, 그리고 어떤 길로 이어지는지 살펴보면 좋겠습니다. 트라우마의 그림자에서 벗어나 자신이 그려 놓은 현재와 미래의 삶으로 한 발짝씩 내디디면서 원하는 사람들과 충분히 함께 시간을 보낼 수 있었으면 합니다.

4장

생존에서 삶으로

“수술 자국은 남아 있지만”

트라우마 후유증

*

트라우마는 과연 우리 삶에서 사라질까요? 트라우마로 인해 몸과 마음에 남은 흔적이, 종이에 남은 연필 자국을 지우개로 지우듯 말끔히 지워질까요? 되돌리고 싶은 기억을 머릿속에서 지워주는 영화 속 이야기가 사실이 되었으면 좋겠다고 또다시 상상해봅니다. 기억을 지우개로 지울 수 없듯이 몸과 마음에 남은 트라우마 후유증이 완전히 사라지는 것은 불가능합니다. 그렇다면 트라우마 생존자는 영원히 치유될 수 없는 상처를 지니고 살아가는 걸까요?

많은 생존자가 트라우마 사건을 겪고 불치병에 걸린 것 같다고 말합니다. 긴 시간이 흐르고 트라우마로부터 멀어져 왔다고 생각하는 순간, 사소한 일(사실 사소하지 않은 일)

이 내 삶을 뒤흔들기도 합니다. 용기 내어 치료를 받으며 일상을 살아갈 힘을 회복했다고 느끼는 순간, 스트레스 사건이나 트라우마와 관련된 일로 또다시 힘을 잃었다고 느낄 수도 있습니다. 정신건강의학과나 심리상담소를 반복해서 찾는 경우 절망감이 더 커지기도 합니다. 결국 나아질 수 없는 게 아닌지, 트라우마가 평생 나의 꼬리표가 되는 게 아닌지, 영영 회복 불가능의 늪에 빠진 게 아닌지 불안해하며 좌절합니다. 현재의 내가 과거 트라우마로부터 얼마나 벗어나 있는지를 정확하게 알고, 동시에 일상의 스트레스로 인해 후유증이 재발할 수 있다는 사실을 받아들이는 게 중요합니다.

운동하다가 아킬레스건이 파열되어 수술한 친구가 있었습니다. 재택근무를 하며 틈틈이 재활치료를 받았고, 자연스럽게 걷기까지 3개월이라는 시간이 걸렸다고 합니다. 여전히 발목 주변에 긴 수술 자국이 남아 있습니다. 처음에는 걷는 것만으로도 발목에 통증이 있었지만, 시간이 흐르면서 원하는 운동도 할 수 있게 되었습니다. 안타깝게도 수술하기 이전과 똑같은 강도의 운동이나 순발력을 많이 요구하는 운동은 할 수 없게 되었습니다. 좋아지는 것 같다가도 때때로 통증이 찾아올 때도 있다고 합니다. 트라우마 후유증도 몸에 남은 수술 자국과 비슷합니다. 수술 직후보다는 조금씩 나아지지만 수술 부위나 몸의 다른 부위에 자극이 있을 때 통증이 다시 찾아오는 겁니다.

미리 '아는 것'만으로도 불안감을 줄일 수 있습니다. 치료 이후에도, 회복 이후에도 마음의 고통이 찾아올 수 있다는 것을 '미리' 알고 있다면 후유증에 압도되지 않을 수 있습니다. 때때로 몸이 아파서 병원에 가면 약을 처방해줍니다. '길쭉한 흰색 약은 졸릴 수 있습니다', '노란색 약은 먹고 나서 미식거릴 수 있습니다' 등의 설명을 듣기도 합니다. 설명을 듣고 나면 그런 증상이 나타났을 때 내 몸이 이상해서 겪는 부작용이 아니라, 약의 특성 때문이라는 생각에 불안해하지 않을 수 있습니다.

상담자와 내담자의 관계는 특수합니다. 상담 목표가 달성되면, 즉 내담자의 심리적 회복이 (계획한 만큼) 이루어지면 만남이 끝을 맺습니다. 상담을 종결할 때 내담자에게 꼭 하는 이야기가 있습니다. 진심을 담아, 상담을 받지 않아도 될 만큼 잘 지내길 바란다고 전합니다. 동시에 다시 트라우마 후유증으로 힘들어질 수도, 상담을 다시 필요로 하는 상황이 생길 수도 있다는 말을 덧붙입니다. 내담자를 불안하게 만드는 것은 아닙니다. 평생 상담이 필요하다고 말하고 싶지도 않습니다. 지금 변화된 나를 잘 느끼고, 변화를 위해 노력했던 과정을 충분히 격려하고, 동시에 수술 자국처럼 남을 수 있는 것에 대해 설명합니다. 혼자 해결할 수 있는 부분이 아니라 도움이 필요하다고 느껴지면, 주저하지 말고 다시 상담을 신청하도록 당부합니다. 다시 병원에 가거나 상담소에 가는 게 실패처럼 느껴져서, 정말 도움이 필요한 순간에도 혼자 고립되어 고통이 심해지는 경우가 있기 때문입니다. 고통의 소용돌이로 다시 들어가는 것처럼 느껴질 때가 있는데, 이건 결코 내담자의 노력이 부족해서가 아니라고 강조합니다. 상담을 다시 시작할 때는 처음에 상담소 문을 두드렸을 때의 자신과는 많이 달라져 있다는 걸 알 수 있다고도 덧붙입니다. 내 몸의 상태가 어떤지, 내 감정 상태가 어떤지, 내가 원하는 게 무엇인지, 누구와 이야기하고 싶고 함께 있고 싶은지 알 수 있을 겁니다.

장기간에 걸쳐 상담을 진행했다 종결하고, 다시 시작한

후 두 번째로 종결을 맞이했던 내담자가 있었습니다. 대인관계에서 비슷한 문제가 반복되는 것 같다고 말하며 처음 상담을 찾았습니다. 의자 끝에 앉아서 긴장된 모습으로 자꾸 웃으면서 말을 하던 내담자였습니다. 긴장하고 불안한 마음을 없애려고 웃으려던 모습이 눈에 띄었습니다. 천천히 상담을 이어가면서 대학 시절에 만나던 친구와 교제하면서 원치 않는 성관계를 맺었다고 말했습니다. 내담자는 지금은 그게 성관계가 아닌 성폭력이라는 걸 알지만 당시에는 정확히 알기 어려웠고, 혼란스러운 상태에서 계속 만남을 이어갔다고 했습니다. 헤어진 이후에 성폭력 상황이 반복적으로 떠올라 괴로웠지만, 학교에 이상한 소문이 날까 봐 두렵고 친구들에게 이해받기 어려울 것 같다는 생각에 도움을 청할 수 없었다고 했습니다. 누군가를 만나면 자꾸 눈치를 살피고, 무서워하고, 갑자기 화를 내기도 하면서 대인관계를 유지하기 어려웠다고 합니다.

트라우마와 트라우마 후유증을 설명하면서, 내담자가 느끼는 감정과 생각이 자연스러운 반응이라고 설명했습니다. 자신의 현재 상태를 자각하는 것부터 시작해서, 감정을 알아차리고 조절하는 법, 대인관계에서 갈등을 해결하는 방법, 트라우마 후유증을 줄이는 과정을 거쳐 종결에 이르렀습니다. 내담자는 운동을 꾸준히 해서 몸에 근육이 생긴 것처럼 마음에도 근육이 생긴 것 같다고 말하였습니다. 상담 과정에서 자신이 노력한 것, 변화된 것을 하나하나 떠올려보면서 종결을 축하하였고, 그러고 나서 앞으로 스트레스 혹은 트라우마 사건을 겪을 때 어떻게 하면 좋을지도 함께 논의했습니다.

내담자를 다시 만난 건 몇 년 후였습니다. 상사에게 성추행을 당한 후에 회사로 돌아가는 게 위험하게 느껴져서 일을 그만둔 직후였습니다. 반복되는 상사의 성희롱 때문에 불쾌하고 화가 났지만, 원하는 일을 계속하기 위해 참아왔다고 합니다. 내담자는 성추행 사건이 발생한 후에 더는 회사에 남아 있는 게 자신을 해치는 일 같다고 생각했습니다. 다시 일자리를 구해야 하는 상황이 절망스럽고, 좋아하고 원하는 일을 계속하지 못한다는 사실이 슬프고 화가 난다며 상담을 찾게 되었습니다. 내담자의 이야기를 듣고 너무 화가 나고 절망스러운 마음이 들었습니다. 자신의 잘못이 아님에도 원하던 것에서 멀어져야 한다는 사실이 참담하게 느껴졌습니다. 내담자는 자신이 일을 계속했어야 하는 게 아닌지, 혹은 자신이 잘 대처했는지 모르겠다고 혼란스러워했습니다. 상담을 다시 시작하면서 우리는 자신을 보호하는 것, 안전함을 느끼는 것보다 중요한 일은 없다는 생각을 재차 확인했습니다. 그 상황에서 할 수 있는 최선을 다했다는 점도 확인했습니다.

상담을 다시 시작하면서 내담자의 변화와 함께 상담자인 저의 변화도 느낄 수 있었습니다. 처음에는 상담을 종결한 내담자가 다시 상담을 신청하면 마치 치료가 실패한 것처럼 느껴졌습니다. 두렵고 막막한 느낌이 많았습니다. 그러나 트라우마와 트라우마 생존자를 알아갈수록 완전한 회복, 완전한 종결, 완전한 끝은 없다는 당연한 결론을 알아차리게 되었습니다. 수술 자국이 계속 남아 있지만, 시간이 흐른 뒤에는 통증도 거의 사라진다는 걸 아는 것처럼요. 고통의 늪에서 헤어나오지 못한다는 뜻은 아닙니다. 후유증이 내 삶 전반에 걸쳐 영향을 미치고 있고, 삶의 다른 스트레스 때문에 후유증이 다시 나타날 수 있다는 걸 아는 것과 모른 채 갑자기 압도되는 것은 다릅니다. 고혈압이나 당뇨가 있는 사람들은 오랜 시간을 들여 몸을 관리하고 돌봅니다. 트라우마 후유증도 시간을 들여 나를 보살피고 알아차리면서 관리할 수 있습니다. 후유증이 삶 전반에 걸쳐 나타나고 지우개로 지우듯 없어지는 게 아니라고 해서, 평생 트라우마의 덫에 갇히는 것으로 생각해서는 안 됩니다. 어차피 벗어나지 못할 텐데 치료받을 필요도 없고, 친구를 만날 필요도 없고, 일상생활을 유지하려고 노력할 필요도 없다고 생각할지도 모릅니다. 마치 금주와 금연을 목표로 두다가 다시 술을 마시고 담배를 피우게 되면 모든 게 소용없으니 끊으려는 노력 자체가 소용없다고 생각하는 것과 유사합니다. 금주하다가 다시 술을 마시게 되는 경우가 생기지만, 노력하기 전의 나와 지금의 나는 다릅니다. 다시 시작할 수 있고 처음 노력할 때보다는 덜 고통스러울 수 있습니다. 트라우마 후유증이 재발한다 해도 한번 회복을 경험했던 현재 시점에서 다시 시작할 수 있습니다.

“소송을 진행한다면”

법적 절차에서 주도성 발휘하기

*

상담에 오는 내담자 중에서 성폭력, 가정폭력 피해 이후에 소송을 고민하거나 이미 소송을 진행 중인 분들도 있습니다. 생존자 주변 사람들이 소송하라고 강력하게 권고하기도 하고, 때로는 빨리 잊어버리는 게 좋은 거라고 말하며 소송을 만류하기도 합니다. 앞서 다른 문제와 마찬가지로, 소송하는 문제에서도 선택권은 생존자에게 있다는 것을 명심해야 합니다.

생존자는 가해자가 처벌을 받도록 법정 투쟁을 시작할 수도 있고, 법적 절차로 들어가지 않기로 선택할 수도 있습니다. 어떤 선택이든 생존자의 몫입니다. 단, 생존자의 선택이라는 말은 생존자를 지지하는 사람들이 아무런 도움을 주지 않고 내버려두라는 뜻은 아닙니다. 소송하기로 했을 때 생존자가 얻을 수 있는 것(혹은 얻을 수 있다고 생각하는 것), 생존자가 잃을 수 있는 것(혹은 잃을 수 있다고 생각하는 것), 현실적으로 마주해야 하는 문제를 함께 살펴보는 겁니다. 직장 상사에게 성폭력을 당하고 회사와 가해자를 상대로 소송을 했던 내담자, 어린 시절 아동학대 피해에 대해 성인이 되어서 부모에게 소송을 했던 내담자, 스토킹하는 상대를 경찰에 신고하고 소송했던 내담자. 소송을 진행하는 내담자들이 공통으로 겪는 어려움에 대해 다같이 모여 이야기를 나누기도 합니다. 법의 보호를 받고 가해자를 처벌하고자 소송 절차를 시작하지만, 자신을 더 어렵게 만드는 체계와 싸워야 한다는 것도 알고 있어야 합니다.

직장 상사에게 성폭력 피해를 겪고 불안감과 우울감, 강렬한 분노를 느끼며 오랫동안 불면증을 겪은 내담자가 상담을 받으러 왔습니다. 내담자는 피해 직후에는 기억이 소실된 것처럼 아무런 느낌이 없었다가 이후에 점점 사건 직전과 직후의 일이 떠오르기 시작했다고 합니다. 회사에 신고하면 자신이 오히려 불이익을 당하는 게 아닐까 걱정되어 처음에는 없었던 일처럼 지냈다고 합니다.

많은 내담자가, 자신이 속한 공동체에서 피해를 겪은 후 주변 사람들이 오히려 가해자가 아니라 자신을 비난할까 봐 두려웠다고 말합니다. 마음 같아서는 그럴 때 지나친 걱정이라고, 말도 안 되는 이야기라고 소리 높여 말하고 싶습니다. 그렇지만 비슷한 일을 겪었을 때 저도 그런 걱정을 하느라 두려움에 떨었고, 상담에서 만난 내담자들, 그리고 주변 지인들의 이야기를 듣다 보면 그것이 절대 지나친 걱정이 아니라, 사실이라는 것을 실감하면서 너무 슬펐습니다. 동시에 소리쳐 울고 싶을 만큼 화가 나기도 했습니다. 자신의 행동을 부끄러워해야 할 사람은 따로 있는데, 피해자가 목소리를 낮추고 숨죽여야 하는 현실이 너무 분통하게 느껴집니다. 내담자는 계속 가해자와 분리되지 못한 채 업무를 해야 하는 상황에서 결국 직장을 그만두었습니다. 친구들도 만나지 않은 채 고립되어 지내다가 힘들게 상담에 왔습니다. 집에 있다가 밖에서 작은 소리만 나도 경계하고 날이 서는 상태가 되고, 심장이 조금만 빠르게 뛰어도 식은땀이 나서 두려웠다고 합니다.

내담자는 소송을 염두에 두고 있었지만 지금 중요한 건 안정화 치료라는 걸 치료자인 저도, 내담자도 잘 알고 있었습니다. 안전하다는 느낌 회복하기, 트라우마 후유증 줄이기, 편안하고 자연스럽게 호흡하기, 신체가 이완된 상태를 어느 정도 유지하기 등 안정화에 초점을 맞추었습니다. 운동을 시작한 날부터 무리하지 않고 천천히 스트레칭하고 가벼운 근력운동을 하는 것처럼, 트라우마 회복에서도 충분한 시간을 들여서 천천히 움직이는 게 필요합니다.

상담을 진행하면서 일상에서 느끼는 불안감의 빈도와 강도가 줄어들고, 식사를 챙기고, 이전보다 수면의 질이 좋아지기 시작했습니다. 감정의 역할에 대해 살펴보며 감정 조절을 함께 연습하고, 긍정적인 기분이 느껴질 만한 활동을 찾기 시작했습니다.

일상이 안정되었다고 느끼면서 소송을 준비할 힘도 생겼습니다. 소송에 앞서 어떤 과정이 진행되는지, 소송 때문에 심리적 고통이 커질 때 우리가 그동안 연습했던 방법을 어떻게 쓸 수 있는지 이야기하였습니다. 그리고 삶이 조금 안정되었다고 느끼는 지금, 이전보다 불안감이 줄어들고 외상 후유증에서 어느 정도 벗어났다고 느껴지는 지금, 소송 과정이나 결과가 다시금 내 삶을 흔들 수도 있다는 사실을 나누었습니다.

살면서 몸과 마음이 건강했던 시기를 한번 떠올려보세요. 운동을 꾸준히 하고, 하는 일에서도 효능감이 느껴지고, 기분도 괜찮은 시기가 있었을 겁니다. 그런 시기에 스트레스가 심한 일이 터지면 다른 시기보다는 잘 대처할 수 있지만, 당연히 부정적인 영향을 받게 됩니다. 마찬가지로 트라우마 회복에서 소송 과정이 회복을 더디게 만들고 삶을 헤집어놓는 장해물이 될 수도 있습니다.

아무리 마음을 단단히 먹어도 조사 과정과 재판에 참여할 때마다 불안감이 심해지고 며칠은 삶이 멈춘 것처럼 느껴집니다. 더욱이 자신에게 부정적인 결과가 나올 때마다 분노와 무력감의 홍수 속에서 상담에 오는 것조차 어려워지기도 합니다. 다시 삶을 안정화하고 이완된 상태를 유지하는 것, 재판 과정을 준비하는 것, 그리고 재판에만 삶을 던지지 않고 일상을 조금씩 살아가는 것의 균형을 유지하며 마침내 긴 과정을 종료할 수 있습니다. 법이 무조건 내 편이 아니고 나를 도와주는 사람이 아무도 없는 것처럼 느껴질 수도 있지만, 소송 과정은 트라우마 생존자를 지원하는 많은 이들의 협력을 통해 이루어집니다. 트라우마 심리치료 전문가, 정신건강의학과 전문의, 여성단체 활동가, 변호사, 경찰 등 많은 지원자가 각자의 자리에서 생존자를 돕습니다. 그리고 생존자의 가족이나 친구들이 가장 가까이에서 이 과정을 끝까지 해나갈 수 있도록 지켜보고 응원합니다. 경기에 뛰는 선수를 응원하고 지원하는 코치들처럼 온 마음을 다해 돕습니다.

'여자답지 못하다', '남자답지 못하다'라는 말이 어떻게 들리나요? 이런 말을 하는 사람이 이상하게 느껴지지는 않나요? 성별 고정관념에 갇혀 있는 사람이 하는 말, 귀담아들을 필요가 없는 말처럼 들릴 수도 있습니다. 그러나 법정에서는 여전히 이런 말 때문에 고통이 계속됩니다. '피해자다움', '피해자답지 못하다'라는 말은 어떻게 들리나요? 재판과 관련된 기사에서 자주 등장해서 우리를 분노하게 만들고 그러다가 무력하게 만드는 말입니다. 피해자는 약하고 힘이 없는 모습이어야만, 그리고 피해자의 자리에 서서 일상을 계속 힘겹게 살고 있을 때만 피해 사실이 입증되는 것처럼 느껴집니다.

지인에게 성폭력 피해를 겪고 가해자를 고소한 후에 상담을 신청한 내담자가 있었습니다. 변호사와 여성단체의 도움을 받고 상담 치료를 병행하며 법적 과정을 해나가고 있었습니다. 증인 출석할 때 최대한 '피해자답게' 행동해야 본인에게 유리하다는 말을 들었다고 했습니다. 아마 법의 세계에서 틀린 말은 아닐 겁니다. 내담자는 오랜 시간 고민했습니다. 피해자답게 행동하면 재판에서 이길 확률이 조금 높아질 수는 있지만(높아진다고 믿을 수밖에 없지만), 재판이 끝난 이후에 본래의 나, 고유한 나의 모습을 수용하며 살아가기 어려울 수 있겠다고 했습니다. 그리고 사람들이 피해자에게 강요하는 굴레인 '피해자다움'을 깨고 싶다고도 했습니다. 자신의 피해를 인정받고, 가해자가 제대로 된 처벌을 받는 게 매우 중요한 결과지만 자기 존중감을 지키는 게 내담자에게는 더 중요한 일이었습니다.

상담에서 우리가 준비해야 할 일, 내담자의 행동이 법정에서 어떻게 작용할지 가정해보기도 했습니다. 자신의 원칙을 지키는 것의 장단점도 함께 살펴보았습니다. 다른 전문가들의 조언도 참고하면서 스스로 결정할 수 있게 도와주었습니다. 피해자다운 모습이 아니라 자신이 존재하고 싶은 모습 그대로 법정에 출석하였고, 단호한 목소리로 피해 사실에 대해 증언하였습니다.

법적 절차에 대한 안내, 진행 과정에서 발생할 수 있는 어려움에 대한 고민, 소송 진행 여부 등 많은 과정에서 우리는 트라우마 생존자에게 도움을 줄 수 있지만, 그 과정에 직접 동참하고 선택을 내리는 건 생존자입니다. 법적 절차는 생존자의 회복을 위해 필요한 일이 되어야 하고 그 과정에서 생존자의 선택은 존중받아야 합니다.

“아무도 알고 싶어 하지 않는 이야기”*

친족 성폭력 생존자

*

글을 읽으며 소송이라도 할 수 있으면 좋겠다고 생각하는 분들도 있을 겁니다. 공소시효公訴時效 때문에 자신의 피해를 입증하고 가해자를 법적으로 처벌하기 어려운 상황에 놓인 생존자들도 있습니다. 공소시효는 어떤 범죄에 대해 일정 기간이 지나면 공소의 제기를 허용하지 않는 제도입니다. 친족 성폭력 생존자들은 대다수가 어린 시절에 피해를 겪고, 자신의 피해를 성폭력으로 인지하는 데도 오랜 시간이 걸립니다. 피해를 알아차리고 가족이나 친척에게 도움을 요청해도 '가족이라는 이유로' 모르는 척하거나 생존자들에게 오히려 침묵을 강요합니다. 가정의 평화를 지켜야 한다는 말로 생존자의 평화를 산산조각 냅니다.

어린 나이에 사촌오빠에게 성추행을 당한 내담자는 초등학교 고학년이 되어서야 오빠의 행동이 성추행이라는 사실을 알게 되었다고 합니다. 어린 시절부터 사촌과 왕래가 잦았고, 같이 어울려 놀면서 상대의 행동이 잘못된 것인지 아니면 놀이인지 알기 어려웠다고 했습니다. 그러나 학교에서 성교육을 받으며 자신이 겪은 일이 무엇인지 알게 되었고, 고민 끝에 부모님에게 털어놓았습니다. 그러나 없었던 일처럼 행동하도록 강요받고, 이후에도 친척과의 왕래는 이어졌습니다. 가해자를 볼 때마다 몸이 떨리고 불안했지만 아무 일도 없는 것처럼 행동하고, 청소년이 되어서는 친척 모임 자체를 피하는 것 외에는 할 수 있는 일이 없었습니다.

청소년기에 남동생에게 성추행을 당한 후, 성인이 되어 힘겹게 부모에게 말한 내담자도 있었습니다. 한 집에서 남동생과 함께 살 수 없다고 얘기하며 독립하게 해달라고 했고, 부모는 지나간 일이라고 말하며 가족이 함께 살아야 한다고 했습니다. 내담자는 가해자와 한 공간에서 지낼 수 없다고 판단하고 집을 나오게 되었습니다. 부모의 설득으로 남동생이 집을 나가서 지내고 내담자는 다시 집에 들어갔지만, 우연히 남동생과 집에서 마주치는 일이 반복될 때마다 과거 트라우마 기억이 일상을 헤집어놓는 걸 막을 수는 없었습니다.

특히, 가해자가 부모일 경우 피해를 인지하고 받아들이는 데는 많은 시간과 고통이 따릅니다. 신체 폭력, 정서 학대, 성폭력을 가한 대상이 양육과 보호를 제공하는 대상, 즉 부모처럼 주 양육자일 경우 단순히 나쁜 사람이나 가해자로 규정하기 어렵습니다. 프랑스 모델 카레 오티스Carré Otis는 20년 전 모델 에이전시 수장 제럴드 마리Gérald Marie에게 성폭행당한 사실을 고발하며, "제게 일어난 일을 받아들이는 데 10년이 걸렸고 공개적으로 말하기까지 또 10년이 걸렸습니다"라고 말했습니다.[25] 2019년 한국성폭력상담소 상담통계에 따르면, 친족 성폭력 생존자의 55.2퍼센트가 피해가 발생하고 10년이 지나서야 사실을 털어놓을 수 있게 되었다고 합니다.[26]

유년기부터 청소년기까지 아버지에게 성폭력 피해를 겪은 내담자는 성인이 되어서도 자신의 피해를 꺼내놓기 어려웠다고 했습니다. 흐릿한 기억으로 떠오르는 날은 현실이 아니라 꿈처럼 느껴져서 없었던 일 같기도 하고, 어떤 날은 마치 과거 그 순간에 있는 것처럼 생생하게 떠올라 며칠 동안 잠을 이루지 못했다고 합니다. 성인이 되어 힘겹게 독립한 후 성폭력 생존자 지원 기관의 도움을 받고, 장기간 심리치료와 약물치료를 받으며 일상을 조금씩 회복했습니다. 용기 내어 가해자를 고발하려고 할 때는 이미 공소시효가 지났다는 말을 들었습니다. 상담 시간에 마주 앉아 공소시효가 지나서 자신이 할 수 있는 게 아무것도 안 남은 것 같다고 말하며 우는 내담자에게 어떤 말이나 위로도 하기 어려웠습니다. 저 역시 그 순간에는 제도를 바꾸지 않으면 다른 건 아무 소용도 없는 것처럼 느껴지기도 했습니다.

트라우마는 고스란히 생존자의 몸과 마음에 고통의 흔적을 남기는데, 가해자를 처벌하지 못한다는 사실이 또다시 생존자를 고통으로 밀어 넣습니다. 어린 시절의 트라우마는 그 피해를 인지하는 데도, 인지한 이후에 피해 사실을 말하고 공론화하기까지도, 오랜 시간이 걸립니다. 친족 성폭력에 관해 말하는 이유는 아무도 알고 싶어 하지 않고, 일어나지 않았다고 부인하고 싶어 하는 이야기이기 때문입니다. 그러나 알리지 않으면 또다시 기억 저편으로 없었던 일이 되고, 기억에서 잊히면 폭력이 반복되고, 생존자들은 또다시 홀로 고통의 시간을 보내야만 합니다.

"내가 어떻게 도와주기를 원하나요?"

생존자 곁에서

*

지인에게 전화 한 통을 받았습니다. 회사에서 성폭력 사건이 있었고, 피해자가 회사에 신고했다고 했습니다. 현재 상황에서 그 동료에게 어떻게 말해야 할지, 어떻게 도와주는 게 맞는지 물었습니다. 동료들끼리 모인 자리에서 '그 사건을 떠올리는 건 힘드니까 다른 얘기를 하자', '괜찮은지 물어보는 게 실례가 되니까 모르는 척하자', '힘든 얘기를 다 하도록 하는 게 좋을 것 같다', '당장 경찰에 신고하라고 하자' 등의 여러 말이 오갔다고 합니다.

누구의 말이 맞는 걸까요? 동료 대부분이 당사자를 걱정하고 염려하는 마음은 갖고 있지만 가장 중요한 부분이 빠져 있습니다. 직접 물어보는 겁니다. 당사자를 배제한 도움은 또 다른 침해와 폭력, 상처와 불신으로 이어질 수 있습니다. 트라우마 사건을 경험한 이후 누군가는 혼자 시간을 가지며 생각하기를 원할 수 있습니다. 다른 누군가는 두려움과 불안함 때문에 가까운 사람과 함께 있기를 원할 수도 있습니다.

"내가 어떻게 도와주기를 원하나요? 내가 어떻게 하는 게 도움이 될까요?"라고 직접 질문하는 게 생존자를 도와주는 일입니다. 사건 이후 신고하는 게 자신을 보호하는 것이라 여기는 사람도 있고, 신고하지 않고 일상으로 빨리 돌아가는 게 자신을 보호한다고 생각하는 사람도 있습니다. 언제나 생존자의 선택을 존중해야 한다는 사실을 기억해야 합니다.

우리는 때로 돕고 싶은 마음이 앞서서 트라우마 생존자에게 충분한 힘이 있다는 사실을 잊게 됩니다. 가까운 사람들에게, 혹은 내담자에게, 나도 모르게 그들이 가진 힘과 능력은 보지 못한 채 대신 해결하고 싸우려 했던 시간이 떠올랐습니다. 지인의 전화 내용처럼, 생존자의 목소리는 희미해지고 주변 사람들의 목소리만 들리면 결국 당사자는 고립됩니다. 비록 선의를 갖고 도우려는 목소리들이지만.

삶에서 가장 고통스러웠던 순간, 그 순간에 힘이 되어준 사람을 떠올려보세요. 힘들었던 시기마다 다른 사람이 떠오를 수도 있습니다. 여러 사람의 얼굴이 떠오른다면 그 사람들의 공통점이 무엇인지 생각해보세요. 어떻게 힘이 되었는지, 도움이 되었는지, 위로를 받았는지 회상해봅시다. 문제를 해결해주거나 필요한 조언을 해준 사람일 수도 있지만, 정말 힘이 되어준 사람은 아마 슬픔이나 분노를 같이 느끼고 곁에서 묵묵히 손을 잡아준 사람일지도 모릅니다. 울먹거리며 하는 이야기를 끝날 때까지 들어준 사람, 울어도 괜찮다고 말해준 사람, 매일 전화로 그저 안부를 물어보는 사람, 손을 잡고 나를 위해 기도한다고 말하는 사람, 같이 울어준 사람이 생각날 수도 있습니다.

트라우마 사건을 겪은 사람이 당신에게 자신의 경험을 털어놓을 때 다음[27]을 기억하고 있으면 우리는 해를 끼치지 않고 충분히 도울 수 있습니다.

- 생존자의 이야기를 기꺼이 듣습니다. 자신이 겪은 트라우마 경험을 말하고 싶어 할 때 기꺼이 들을 준비가 되어 있다고 알립니다.

- 생존자의 잘못이 아님을 분명히 합니다. 신체 폭력, 언어 폭력, 성폭력은 어떤 상황에서도 용인되어서는 안 됩니다. 협박이나 강요가 없어도, 반항하지 않았다고 해도, 생존자의 잘못이 결코 아닙니다. 자칫 가해자와 생존자의 관계에 대해 의심하면서 폭력 상황에 대해 생존자 탓을 하는 건 생존자를 다시 고립시키는 일입니다.
- 생존자에게 공감은 표현하되 동정하지 않습니다. 분노, 안타까움, 슬픔을 느낀다면 충분히 표현합니다. 그런 감정을 느끼고 있다는 것을 표현합니다. 다만, 생존자를 동정하거나 불쌍하게 여기지 않습니다.
- 다른 지지를 구할 수 있도록 격려합니다. 트라우마 사건 이후 심리적 지원, 법적 지원, 의료적 지원 등이 필요할 수 있습니다. 필요한 정보를 전달하고 생존자가 선택할 수 있도록 돕습니다.
- 트라우마 후유증을 자연스러운 반응으로 이해합니다. 트라우마 사건을 경험한 이후 생존자는 우울, 불안, 분노, 무력감 등 다양한 정서 반응과 강한 긴장, 통증 등 다양한 신체 반응이 나타날 수 있습니다. 그런 반응이 정당하고 자연스럽다고 인정합니다.

• 치유에 필요한 시간을 존중합니다. 트라우마 생존자들이 주변에서 가장 많이 듣는 말 중 하나는 "아직도 힘들어?", "이젠 그만 힘들어야 하는 거 아니야?", "나아질 때 되지 않았어?"입니다. 그런 말이 회복 과정을 방해하고 오히려 진전을 더디게 만듭니다. 치유에는 충분한 시간이 필요하다는 것을 인정하고 생존자의 시간을 존중합니다.

"그 아픔은 도대체 어디에서 오는 거지요?"*

여전히 우리에게 남아 있는 과제

✷

노동자가 의사에게 하는 말

- 베르톨트 브레히트

제가 누더기 옷을 벗고
선생님 앞에 서면
선생님은 저의 벗은 몸을 구석구석 진찰하십니다.
제가 아픈 이유를 찾으시려면
누더기를 한 번 흘긋 보는 것이 더 나을 겁니다.
저의 몸이나 옷이나
같은 이유 때문에 닳으니까요.

* 시 내용 중 일부를 수정하여 제목으로 가져왔다.

제 어깨가 아픈 것이
습기 때문이라고 그러셨지요.
그런데 저희 집 벽에 생긴 얼룩도 그렇다고 하더군요.
그러니 말씀해주세요.
그 습기는 도대체 어디에서 오는 거지요?

시를 읽고 어떤 생각이 드는지 잠깐 멈춰서 알아차려 봅시다. 왜 통증이 반복되는지, 우리의 고통은 왜 반복되는지, 이는 연결되는 문제일 것입니다. 어깨 '통증'에만 집중하는 게 아니라, 겉으로 드러난 문제를 넘어서 '습기'가 어디에서 오는지 살펴봐야 합니다.

전쟁과 피해자는 공동체가 잊고자 하는 무엇이다. 망각의 베일은 고통이 담긴 불쾌한 모든 것들에 드리워져 있다. 우리는 얼굴을 맞댄 두 측면을 발견한다. 한편은 잊고자 소망하지만 잊지 못하는 피해자이고, 다른 편은 잊기를 원하고 또한 그러는 데 성공하는 강하고 종종 무의식적인 동기를 지닌 다른 모두이다. 그 대립은…… 늘 양편 모두에게 너무 고통스럽다. 가장 약한 편이…… 이렇게 불평등한

침묵의 대화 속에서 패배자의 자리에 남겨진다.[28]

- 레오 에이팅예르

홀로코스트 생존자이며 심리적 외상에 관해 연구한 노르웨이 정신과 의사 레오 에이팅예르Leo Eitinger의 말을 보면서 상담실에서 만난 수많은 내담자의 목소리가 들렸습니다. 잊고 싶지만 잊을 수 없고, 그리고 잊지 않고 기억하겠다는 생존자들 주변에, 잊고 살아야 한다는 목소리들이 가득 채워지는 걸 목격했습니다. 그리고 한국의 재난에 대해 떠올렸습니다. 1994년 성수대교 붕괴, 1995년 삼풍백화점 붕괴, 2003년 대구 지하철 화재 참사, 2014년 세월호 참사와 같은 사회적 재난 속에서, 당사자를 제외한 많은 사람이, 기억하고 애도하기보다는 빨리 잊고 없었던 일처럼 세상이 굴러가기를 바랍니다. 재난재해 이후 정확하게 진실을 밝히지 않거나 제대로 된 대응 없이 무마하려는 기업과 정부 기관, 피해자가 자책하게 만들고 가해자를 옹호하는 사회적 분위기와 공동체 등이 트라우마 후유증을 더욱 악화시킵니다.

그 상황에서 잊지 않고 기억하는 누군가를 통해, 함께

애도하는 사람들을 통해, 당사자와 유가족을 통해, 트라우마는 기록되고 기억됩니다. 트라우마와 외상 후 스트레스 장애 진단에 대한 개념 또한 잊지 않고 기억한 사람들의 결과물입니다. 김춘수 시인의 〈꽃〉이라는 시에는 '내가 그의 이름을 불러주었을 때/ 그는 나에게로 와서/ 꽃이 되었다'라는 구절이 있습니다. 이름을 붙여준다는 것은, 정체성을 확인하고 그것의 존재가 있다는 것을 인정하는 일입니다. 트라우마라고 이름 붙이면서 트라우마 이후의 심리적 증상이 단순히 개인의 우울, 불안, 혹은 성격 문제가 아니라는 것을 확인합니다. 트라우마는 개인의 마음 안에서 발생하는 일이 아니라 외부에서 발생하여 당사자에게 침투한 것입니다. 개인의 심리적 고통을 치유하는 일과 더불어 고통의 원인을 찾아 해결하고, 구조의 문제로 확장하는 일이 트라우마의 본질에 다가가는 방법입니다.

“서로 손을 붙잡을 때”

다시, 연결

✷

우리는 가끔 혹은 자주, 사람들과 함께하는 건 에너지가 많이 들고 혼자 지내는 게 편하다고 생각합니다. 친구들과 만나고 돌아오는 길에 상처받은 말이 떠오르거나 또는 상처 주는 말을 한 게 아닐까 걱정합니다. 그러다가 결국 혼자 있는 게 낫겠다는 생각이 지나갑니다. 특히, 트라우마를 겪고 나서는 사람들을 믿기 어려워지면서 또 트라우마를 겪을까 봐 관계에서 물러나버리기도 합니다. 단기적으로는 안전하고 좋은 선택일 수도 있습니다. 그러나 우리는 사회적 관계 속에 존재하고, 나의 삶과 타인의 삶이 서로 영향을 주고받으며 맞물려 있습니다. 트라우마 회복도 혼자 할 수 없습니다. 타인과 다시 이어질 때, 그 연결 속에서 회복이 시작됩니다. 고립에서 벗어나 연결되어 있다는 느낌을 느낄 수 있는 관계, 서로 믿고 기댈 수 있는 관계, 도움을 주고받는 게 자연스러운 관계들 속으로 들어가야 합니다.

친구들의 고민이나 걱정, 심각한 가족 문제, 때로는 트라우마 이야기를 듣고 위로하고 조언하면서도 정작 저의 이야기는 꺼내기가 어려웠습니다. 이해받을 수 있을까, 이상하게 생각하는 게 아닐까, 관계가 어색해지는 게 아닐까, 이야기한다고 달라지는 게 있을까, 혼자 해결해야 할 문제가 아닐까 등의 생각이 머릿속을 채우느라 용기 내기가 어려웠습니다. 오랜 시간이 흘러 문제가 심각해지고 혼자 감당하기가 너무 벅차서 친구들에게 털어놓을 수밖에 없었습니다. 할 말이 있으니 만나자고 해놓고서도 도망가고 싶은 마음이 더 컸습니다. 제 상황을 천천히 설명하고 내가 겪고 있는 부담감이나 두려움에 대해서도 솔직하게 이야기하였습니다. 뜻밖에 친구도 가족 문제로 오랜 시간 고민하고 힘들어하다가 주변 사람들과 상담자의 도움을 받았다고 했습니다. 현재 가족과 어떻게 지내고 있는지, 상담 이후에 자신의 행동이 어떻게 바뀌게 되었는지, 가족이 바뀌지 않는 상황에서 자신은 어떻게 하고 있는지 솔직하게 이야기해주었습니다. 함께 상담을 공부하고 의지하는 관계였지만 내 치부(사실 내 치부가 아니지만)라고 생각되는 걸 털어놓기는 정말 어려웠던 것 같습니다. 많은 위로와 격려를 받고 필요한 조언을 들으며 돌아오는 길은 조금 가벼웠습니다. 고통과 절망에 빠져 있을 때 우리는 주변 사람들의 지지와 위로가 절대적으로 필요합니다. 혼자 힘으로 고통에서 회복할 수 있는 사람은 없습니다.

자신과 비슷한 고통을 겪은 사람이 그 과정을 견뎌왔고, 지금도 견디고 있다는 사실만으로도 안심이 되고 위로가 될 때가 있습니다. 고통스러운 감정의 소용돌이를 헤치며 삶으로 돌아오려는 사람이 존재한다는 사실 자체가 위안을 줍니다. 내담자들에게 회복에 도움이 되었던 요인을 물어보면 집단상담에서 만난 사람들이라고 답할 때가 많습니다. 트라우마 생존자들은 개인상담뿐만 아니라 집단상담에 참여하기도 합니다. 집단상담은 감정을 조절하는 방법이나 대인관계 기술에 대해 배우는 집단이 되기도 하고, 비슷한 어려움을 가진 사람들이 서로를 지지하는 모임이 되기도 합니다. 성폭력 사건 이후 소송을 진행하고 있는 사람들이 모여서 자신의 경험을 나누고 포기하지 않고 싸우는 힘을 얻기도 합니다. 유방암 진단 후에 수술과 항암치료를 받으며 달라진 삶에 대해 나누기도 합니다. 치료 과정에서 가장 어려웠던 점, 가족의 도움을 받는 상황에서 겪는 어려움 혹은 받지 못하는 상황에서 겪는 어려움, 이전에는 어렵지 않게 했는데 지금은 하기 어려운 일에 대해 받아들이는 과정을 나누면서 혼자가 아니라는 생각을 합니다. 성별 정체성과 성적 지향이 다르다는 이유로 혐오 폭력에 노출된 사람들이 모여, 고립되지 않고 서로를 구하며 폭력에 맞서 싸우는 힘을 얻는 지지 모임을 합니다. 성폭력 생존자를 지원하는 활동가, 난민의 권리를 위해 일하는 활동가, 감정노동자들을 돕는 활동가들과 함께 집단상담을 합니다. 자신이 옳다고 생각하는 일을 하면서 개인의 삶을 어떻게 유지할지, 소진되지 않고 동료들과 어떻게 의사소통하며 일할지, 자신을 어떻게 돌볼지 서로 배워갑니다.

어느 내담자는 집단상담 중에 회사에서 겪은 어려움을 나누다 격려와 응원이 담긴 카드를 받은 적이 있다고 했습니다. 타인에게 의지하지 않고 혼자 모든 걸 해내야 한다고만 생각했는데, 누군가의 위로와 응원이 도움이 된다는 걸 새삼 깨달아서 정말 고맙고 기뻤다고 했습니다. 다른 내담자는 고통을 겪고 있는 사람이 나 혼자가 아니라는 사실에 안심되고, 다른 사람들도 트라우마 속에서 벗어나 회복해가는 과정을 보면서 자신도 변할 수 있을 것 같다고 말합니다. 때로는 트라우마 이후 모든 관계를 단절한 채 지내다가 상담에 오고, 그리고 집단으로 연결되기도 합니다. 자신이 겪은 트라우마 이야기를 나누지 않고도, 일상의 일을 주고받으며 상호작용하는 것만으로도 위로가 된다는 말도 전해져 옵니다.

우리는 누군가를 온전히 이해하거나 그 사람과 똑같은 입장에 설 수는 없을 겁니다. 그러나 보편적인 마음, 누군가를 위하는 마음으로 손을 내밀고 손을 붙잡을 때 나란히 서서 연결되는 힘을 느낄 수 있습니다. 혼자가 아니라는 사실을 발견하기 시작하면서부터 고립에서 벗어나고 삶으로 한 발짝 더 나아갑니다.

"시간을 들여 나를 살펴보기"

살아남는 것과 살아가는 것

*

동료 상담자에게 《마음챙김의 시》라는 시집을 선물로 받았습니다. 상담자들과 모여 마음챙김이 얼마나 중요한지, 그렇지만 마음챙김을 연습하는 게 얼마나 어려운지, 그러다 문득 이런 게 마음챙김이지, 하고 알아차리는 순간에 느끼는 기쁨에 대해 자주 이야기합니다. 그런 마음을 담은 시집을 소중하게 펼쳐보다가 마야 안젤루의 〈나는 배웠다〉라는 시에서 오랫동안 머물게 되었습니다.

나는 배웠다,
생계를 유지하는 것과
삶을 살아가는 것은 같지 않다는 것을.

나는 배웠다,
나에게 고통이 있을 때에도
내가 그 고통이 될 필요는 없다는 것을.

트라우마를 겪고 나면 '생존'하는 데 모든 에너지를 쓰느라 어떻게 '삶'을 살아가야 하는지 막막하게 느껴집니다. 죽지 않고 살아남는 게 너무 중요해서, 나를 다치지 않게 보호하는 게 중요해서, 계속 주변을 살피며 두려워하느라 내 마음을 들여다볼 시간이 없었을 겁니다. 마음속에 어떤 감정이 있는지, 어떤 욕구가 있는지, 무엇을 할 때 가슴이 뛰고 행복한 느낌이 드는지 천천히 들여다봐야 합니다. 트라우마 후유증에서 벗어나 이전보다 마음이 고요해지는 순간, 나 자신을 시간 들여 살펴봐야 합니다. 내 마음을 정성스럽게 들여다보며 어떻게 살아가고 싶은지 물어보는 과정이 필요합니다.

자신이 원하는 걸 정확히 아는 건 어렵습니다. 매일 바쁘게 공부하거나 일하는 사람들은 주말 내내 아무것도 하지 않고 늦잠 자면 좋을 것 같다고 생각합니다. 그런 주말을 보내고 나서 컨디션이 회복되고 기분이 나아지기도 하지만, 때로는 자신이 원하는 게 이게 아니었다는 생각이 들기도 합니다. 누군가를 만나서 대화하며 쉴 수도 있고, 자연에서 혼자 지내며 쉴 수도 있고, 방 안에서 쉴 수도 있습니다. 자신이 무엇을 좋아하고 어떨 때 마음이 나아지는지 알기 위해서는 아무것도 하지 않고서는 알기 어렵습니다. 앞서 말한 '마음챙김'을 기억하나요? 지금 내 마음이, 내 몸이 무엇을 원하는지 천천히 살펴봅니다. 괴로운 생각이나 감정에 사로잡혀 있으면 아무것도 하고 싶지 않을지도 모릅니다. 안개가 자욱할 때 앞을 잘 볼 수 없는 것처럼 고통스러운 감정이 닥쳐올 때는 진짜 내 마음이 어떤지 알기 어렵습니다. 안개가 잦아들 때까지 기다리면서 마음을 살펴보는 것부터 시작합시다.

저는 쉴 때 TV를 보면서 많은 시간을 보냅니다. 때로는 영화, 드라마, 예능을 옮겨 가며 예고편만 보다가 결국 아무것도 보지 않고 전원을 끌 때도 있습니다. 이럴 때 '내가 찜한 콘텐츠'에 좋아하는 영화나 드라마를 넣어두면 여유가 있을 때 볼 수도 있을 겁니다. 내가 찜한 콘텐츠에 미리 넣어두는 일이, 시간을 들여 나를 살펴보는 일과 비슷합니다. 마음의 안개가 걷히고 선명해질 때, 어떻게 살아가고 싶은지, 무엇을 원하는지 실마리를 찾을 수 있습니다.

에필로그

"내일은 정말 좋은 일이 기다려주기를"

한창 라디오를 즐겨 들은 적이 있습니다. 마을버스를 타고 기숙사로 향하는 길에 이어폰에서 흘러나오는 목소리와 음악에 온전히 집중합니다. 이유도 잘 알지 못하는 불안감과 우울감, 가슴을 짓누르는 느낌, 막막한 기분이 한꺼번에 찾아오던 때였습니다. 주의를 다른 데 두지 않으면 금방 가라앉는 기분에 사로잡혀 견디기 어려웠습니다. 멍하니 라디오에서 흘러나오는 음악 멜로디만 듣기도 하고, 어떤 날은 가사를 곱씹어 보기도 하고, 어떤 날은 라디오 진행자가 하는 말을 귀 기울여 듣기도 했습니다. 삶의 어느 순간에, 익히 알던 노래나 처음 듣는 노래가 마음 깊은 곳에 닿는 경험을 해본 적이 있을 겁니다. 라디오에서 김윤아의

〈Going Home〉이라는 노래가 흘러나왔습니다. 처음 들어본 노래였는데 가사에 계속 집중하게 되었습니다. 노래 마지막 부분에 다음과 같은 가사가 있습니다.

> 이 세상은 너와 나에게도 잔인하고 두려운 곳이니까
> 언제라도 여기로 돌아와, 집이 있잖아, 내가 있잖아.
> 내일은 정말 좋은 일이 우리를 기다려주기를,
> 새로운 태양이 떠오르기를,
> 가장 간절하게 바라던 일이 이뤄지기를 난 기도해본다.

힘든 시간을 '함께' 겪고 있는 사람이 전해주는 위로처럼 들렸습니다. 집에 돌아와 새벽까지 노래를 듣고 또 들었습니다. 소원을 비는 것처럼 스스로 나의 행복과 평안함을 위해 기도하는 날이었습니다. 가사에 있는 '집'이라는 말에 보금자리나 안식처, 좋아하는 사람을 대신 넣어도 좋겠습니다. 책을 읽고 있는 이 시간에도 트라우마에서 벗어나기 위해 부단히 애를 쓰고 있을 누군가에게, 우리에게, 내일은 정말 좋은 일이 기다려주기를 간절한 마음으로 바랍니다.

부록

외상 후 스트레스 장애

진단기준

주의점: 이 기준은 성인, 청소년, 그리고 7세 이상의 아동에게 적용한다.

A. 실제적이거나 위협적인 죽음, 심각한 부상, 또는 성폭력에의 노출이 다음과 같은 방식 가운데 한 가지(또는 그 이상)에서 나타난다.

1. 외상성 사건(들)에 대한 직접적인 경험

2. 그 사건(들)이 다른 사람들에게 일어난 것을 생생하게 목격함

3. 외상성 사건(들)이 가족, 가까운 친척 또는 친한 친구에게 일어난 것을 알게 됨

주의점: 가족, 친척 또는 친구에게 생긴 실제적이거나 위협적인 죽음은 그 사건(들)이 폭력적이거나 돌발적으로 발생한 것이어야만 한다.

4. 외상성 사건(들)의 혐오스러운 세부 사항에 대한 반복적이거나 지나친 노출의 경험(예: 변사체 처리의 최초 대처자, 아동학대의 세부 사항에 반복적으로 노출된 경찰관)

주의점: 진단기준 A4는 노출이 일과 관계된 것이 아닌 한 전자미디어, 텔레비전, 영화 또는 사진을 통해 노출된 경우는 적용되지 않는다.

B. 외상성 사건(들)이 일어난 후에 시작된, 외상성 사건(들)과 관련이 있는 침습 증상의 존재가 다음 중 한 가지(또는 그 이상)에서 나타난다.

1. 외상성 사건(들)의 반복적, 불수의적이고, 침습적인 고통스러운 기억

주의점: 7세 이상의 아동에서는 외상성 사건(들)의 주제 또는 양상이 표현되는 반복적인 놀이로 나타날 수 있다.

2. 꿈의 내용과 정동이 외상성 사건(들)과 관련되는 반복적으로 나타나는 고통스러운 꿈

주의점: 아동에서는 내용을 알 수 없는 악몽으로 나타나기도 한다.

3. 외상성 사건(들)이 재생되는 것처럼 그 개인이 느끼고 행동하게 되는 해리성 반응(예: 플래시백) (그러한 반응은 연속선상에서 나타나며, 가장 극한 표현은 현재 주변 상황에 대한 인식의 완전한 소실일 수 있음)

주의점: 아동에서는 외상의 특정한 재현이 놀이로 나타날 수 있다.

4. 외상성 사건(들)을 상징하거나 닮은 내부 또는 외부의 단서에 노출되었을 때 나타나는 극심하거나 장기적인 심리적 고통

5. 외상성 사건(들)을 상징하거나 닮은 내부 또는 외부의 단서에 대한 뚜렷한 생리적 반응

C. 외상성 사건(들)이 일어난 후에 시작된, 외상성 사건(들)과 관련이 있는 자극에 대한 지속적인 회피가 다음 중 한 가지 또는 두 가지 모두에서 명백하다.

1. 외상성 사건(들)에 대한 또는 밀접한 관련이 있는 고통스러운 기억, 생각 또는 감정을 회피 또는 회피하려는 노력

2. 외상성 사건(들)에 대한 또는 밀접한 관련이 있는 고통스러운 기억, 생각 또는 감정을 불러일으키는 외부적 암시(사람, 장소, 대화, 행동, 사물, 상황)를 회피 또는 회피하려는 노력

D. 외상성 사건(들)이 일어난 후에 시작되거나 악화된, 외상성 사건(들)과 관련이 있는 인지와 감정의 부정적 변화가 다음 중 두 가지(또는 그 이상)에서 나타난다.

1. 외상성 사건(들)의 중요한 부분을 기억할 수 없는 무능력(두부외상, 알코올 또는 약물 등의 이유가 아니며 전형적으로 해리성 기억상실에 기인)

2. 자신, 다른 사람 또는 세계에 대한 지속적이고 과장된 부정적인 믿음 또는 예상(예: "나는 나쁘다", "누구도 믿을 수 없다", "이 세계는 전적으로 위험하다", "나의 전체 신경계는 영구적으로 파괴되었다")

3. 외상성 사건(들)의 원인 또는 결과에 대하여 지속적으로 왜곡된 인지를 하여 자신 또는 다른 사람을 비난함

4. 지속적으로 부정적인 감정 상태(예: 공포, 경악, 화, 죄책감 또는 수치심)

5. 주요 활동에 대해 현저하게 저하된 흥미 또는 참여

6. 다른 사람과의 사이가 멀어지거나 소원해지는 느낌
7. 긍정적 감정을 경험할 수 없는 지속적인 무능력(예: 행복, 만족 또는 사랑의 느낌을 경험할 수 없는 무능력)

E. 외상성 사건(들)이 일어난 후에 시작되거나 악화된, 외상성 사건(들)과 관련이 있는 각성과 반응성의 뚜렷한 변화가 다음 중 두 가지(또는 그 이상)에서 현저하다.
1. (자극이 거의 없거나 아예 없이) 전형적으로 사람 또는 사물에 대한 언어적 또는 신체적 공격성으로 표현되는 민감한 행동과 분노 폭발
2. 무모하거나 자기파괴적인 행동
3. 과각성
4. 과장된 놀람 반응
5. 집중력의 문제
6. 수면 교란 (예: 수면을 취하거나 유지하는 데 어려움 또는 불안정한 수면)

F. 장애(진단기준 B, C, D, E)의 기간이 1개월 이상이어야 한다.

G. 장애가 사회적, 직업적, 또는 다른 중요한 기능 영역에서 임상적으로 현저한 고통이나 손상을 초래한다.

H. 장애가 물질(예: 치료약물이나 알코올)의 생리적 효과나 다른 의학적 상태에 의한 것이 아니다.

- 다음 중 하나를 명시할 것

해리 증상 동반: 개인의 증상이 외상 후 스트레스 장애의 기준에 해당하고, 또한 스트레스에 반응하여 그 개인이 다음에 해당하는 증상을 지속적이거나 반복적으로 경험한다.

1. 이인증: 스스로의 정신 과정 또는 신체로부터 떨어져서 마치 외부 관찰자가 된 것 같은 지속적 또는 반복적 경험(예: 꿈속에 있는 느낌, 자신 또는 신체의 비현실감 또는 시간이 느리게 가는 감각을 느낌)

2. 비현실감: 주위 환경의 비현실성에 대한 지속적 또는 반복적 경험(예: 개인을 둘러싼 세계를 비현실적, 꿈속에 있는 듯한, 멀리 떨어져 있는, 또는 왜곡된 것처럼 경험)

주의점: 이 아형을 쓰려면 해리 증상은 물질의 생리적 효과(예: 알코올 중독 상태에서의 일시적 기억상실, 행동)나 다른 의학적 상태(예: 복합 부분 발작)로 인한 것이 아니어야 한다.

- 다음의 경우 명시할 것

지연되어 표현되는 경우: (어떤 증상의 시작과 표현은 사건 직후 나타날 수 있더라도) 사건 이후 최소 6개월이 지난 후에 모든 진단기준을 만족할 때

출처: American Psychiatric Association. (2015). 정신질환의 진단 및 통계 편람 제5판.

도움받을 수 있는 기관

아래의 기관이 있다는 것을 기억해둡시다. 어떤 도움을 받을 수 있을지 모르겠다면 일단 전화를 걸고 물어봅니다. 혼자 하기 어렵다면 주변 사람들의 도움을 받을 수도 있습니다.

국립정신건강센터 국가트라우마센터
나무여성인권상담소
반성매매인권행동 이룸
스마일센터(범죄피해 트라우마 통합지원기관)
지역별 가정폭력피해상담소
지역별 범죄피해자지원센터
지역별 성폭력피해상담소
지역별 여성긴급전화1366
지역별 해바라기센터
트라우마치유센터 사회적협동조합 사람마음
한국성폭력상담소
한국여성민우회
한국여성의전화

미주

1 엘렌 베스, 로라 데이비스, 한국성폭력상담소(기획), 이경미 역, 《아주 특별한 용기》, 동녘, 2012, 17쪽.

2 바브 메이버거, 김준기, 배재현, 사수연 역, 《트라우마, 기억으로부터의 자유》, 수오서재, 2018, 53쪽.

3 최현정. (2015). 'PTSD 시대'의 고통 인식과 대응: 외상 회복의 대안 패러다임 모색. 인지과학, 26(2), 167~207쪽.

4 Bernstein, E. M., & Putnam, F. W. (1986). Development, reliability, and validity of a dissociation scale. The Journal of nervous and mental disease, 174(12), 727~735쪽.

5 박제민, 최병무, 김명정, 한홍무, 유승윤, 김성환, 주영희. (1995). 한국판 해리경험척도의 표준화 연구(1). 정신병리학, 4(1), 105~125쪽.

6 Bonavitacola, L., Miller, A. L., McGinn, L. K., & Zoloth, E. C. (2019). Clinical guidelines for improving dialectical thinking in DBT. Cognitive and Behavioral Practice, 26(3), 547~561쪽.

7 주디스 허먼, 최현정 역, 《트라우마》, 플래닛, 2007, 218쪽.

8 Linehan, M. M. (2015). DBT skills training handouts and

worksheets (2nd ed.). Guilford Press, 333쪽, 336쪽.

9 Linehan, M. M. (2015). DBT skills training manual (2nd ed.). Guilford Press, 151쪽.

10 베셀 반 데어 콜크, 제효영 역, 《몸은 기억한다》, 을유문화사, 2016, 328쪽.

11 Linehan, M. M. (2015). DBT skills training handouts and worksheets (2nd ed.). Guilford Press, 54~57쪽, 62쪽.

12 Linehan, M. M. (1993). Cognitive-behavioral treatment of borderline personality disorder. Guilford Press, 107쪽.

13 McKay, M., Wood, J. C., & Brantley, J. (2019). The dialectical behavior therapy skills workbook. New Harbinger Publications, 15~16쪽.

14 Linehan, M. M. (2015). DBT skills training handouts and worksheets (2nd ed.). Guilford Press, 257쪽.

15 〈불면증〉, 질병관리청 국가건강정보포털. https://health.kdca.go.kr/healthinfo/biz/health/gnrlzHealthInfo/gnrlzHealthInfo/gnrlzHealthInfoView.do

16 주디스 허먼, 최현정 역, 《트라우마》, 플래닛, 2007, 290쪽.

17 Cloitre, M., Courtois, C. A., Ford, J. D., Green, B. L., Alexander, P., Briere, J., & Van der Hart, O. (2012). The ISTSS expert consensus treatment guidelines for complex PTSD in adults, 5~6쪽.

18 베셀 반 데어 콜크, 제효영 역, 《몸은 기억한다》, 을유문화사, 2016, 323쪽.

19 〈천억 개 뇌세포에 기억 저장, 뇌 속 해마가 담당합니다〉, 황정옥,

이세라 기자, 중앙일보, 2017.06.12.

20 바브 메이버거, 김준기, 배재현, 사수연 역, 《트라우마, 기억으로부터의 자유》, 수오서재, 2018, 68쪽.

21 베셀 반 데어 콜크, 제효영 역, 《몸은 기억한다》, 을유문화사, 2016, 308~309쪽.

22 위의 책, 345~346쪽.

23 Ford, J. D. (2018). Trauma memory processing in posttraumatic stress disorder psychotherapy: A unifying framework. Journal of Traumatic Stress, 31(6), 933~942쪽.

24 베셀 반 데어 콜크, 제효영 역, 《몸은 기억한다》, 을유문화사, 2016, 288~289쪽.

25 〈"피해사실 공개까지 수십년"...미국서 커지는 '성폭력 공소시효 폐지' 목소리〉, 박하얀 기자, 경향신문, 2021.09.18.

26 〈2019년 한국성폭력상담소 상담통계 및 상담동향 분석〉, 한국성폭력상담소. https://www.sisters.or.kr/consult/stat/5453

27 엘렌 베스, 로라 데이비스, 한국성폭력상담소(기획), 이경미 역, 《아주 특별한 용기》, 동녘, 2012, 646~647쪽.

28 주디스 허먼, 최현정 역, 《트라우마》, 플래닛, 2007, 26쪽.

우리는 모두 생존자입니다

초판 1쇄 인쇄 2022년 10월 4일
초판 1쇄 발행 2022년 10월 11일

지은이 허심양
펴낸이 이상훈
편집인 김수영
본부장 정진항
편집2팀 허유진 원아연
마케팅 김한성 조재성 박신영 김효진 김애린
사업지원 정혜진 엄세영

펴낸곳 (주)한겨레엔 www.hanien.co.kr
등록 2006년 1월 4일 제313-2006-00003호
주소 서울시 마포구 창전로 70 (신수동) 화수목빌딩 5층
전화 02-6383-1602~3
팩스 02-6383-1610
대표메일 book@hanien.co.kr

ISBN 979-11-6040-905-5 03180